地域づくりの基礎知識 **4**

災害から
一人ひとりを守る

北後明彦
大石 哲
小川まり子 編

神戸大学出版会

地域づくりの基礎知識
シリーズの目的

　日本の地域社会の存続は，今大きな危機を迎えようとしています。中山間部での人口の減少と都市部での人々の流動化の拡大は加速しており，人口の首都圏への集中も急速に進んでいます。これまで日本社会の中で，長く続いてきたコミュニティや基礎自治体の存続そのものが脅かされる事態が生まれています。このような状況の下で，地域社会に生きる私たち一人一人にとって，主体的に地域社会に関わり，それを未来に継承していく「地域づくり」が大きな課題となっています。

　それでは，どのようにして地域づくりをすすめていけばいいのでしょうか。日本列島は，多様な自然環境の下，豊かな生態系を持つとともに，火山の噴火，地震や台風など自然災害が日常的に生起する場です。そのような場で，人々は工夫を凝らしながら長年にわたって暮らしをつないできました。

　私たちは，そこから生まれた地域社会の課題を多様な視点からとらえ，どのように対処していけばいいのかということを，「基礎知識」として共有していくことが重要であると考えています。そのような思いをこめて，本シリーズを『地域づくりの基礎知識』と名付けました。

　本シリーズは，地域住民，自治体，企業と協力して，神戸大学・兵庫県立大学・神戸市看護大学・園田学園女子大学等，兵庫県内の大学が中心として展開してきた取り組みを集約したものであり，平成27年度文部科学省「地（知）の拠点大学による地方創生推進事業

（COC+事業）」で，兵庫県において採択された「地域創生に応える実践力養成ひょうご神戸プラットフォーム」事業の一部を成すものです。兵庫県は，日本の縮図といわれ，太平洋と日本海に接し，都市部，農山漁村部と多種多様な顔を持っています。そこでのさまざまな課題は，兵庫県に関わるというだけでなく，日本各地の地域が抱える課題と共通するものであると考えます。

　本シリーズは，関連する領域ごとに「歴史と文化」「自然と環境」「子育て高齢化対策」「安心安全な地域社会」「イノベーション」の5つの巻に整序し，テーマごとに体系的に課題を捉えることで，地域の課題を，初学者や地域づくりに携わる方々にわかりやすいように編集しています。それにより，領域で起こっている地域課題を理解するための良きガイドとなることを目指しています。また，読者がさらに深く地域社会をとらえることができるように巻の項目ごとに参考文献を示しています。地域課題はかならずしもそれぞれの領域に収まるものではありません。シリーズ化により，新しい視座が開けることが可能となると考えています。

　本シリーズの刊行が，地域の明日をつくる人々の一助となり，さまざまな地域が抱える困難に立ち向かう勇気を与えることを願ってやみません。

内田一徳（神戸大学理事・副学長 社会連携担当）
奥村　　弘（神戸大学COC＋事業責任者）
佐々木和子（COC＋統括コーディネーター）

人の命を守る
「安心で安全な地域社会づくり」

北後明彦　大石 哲　小川まり子
神戸大学都市安全研究センター

　1995年の阪神・淡路大震災から20年以上が経過し，私たちはその後も新潟県中越地震，熊本地震等々震度6以上の直下型地震を経験した。多くの死傷者，行方不明者を出した2011年の東日本大震災では，2019年1月現在も仮設住宅での生活が続いている方々がおられる。また，近年は南海トラフ巨大地震の発生が懸念される一方，台風や豪雨災害も多発している。平成30年7月豪雨では複数の府県に記録的な豪雨をもたらした。

　我が国は，これまで多くの災害を経験し，そのたびに法制度が見直され，より良い社会の仕組みづくりに向けて取り組んできた。また，科学技術の発展に伴い，災害をもたらしうる自然現象の解明や，その予測手法の開発研究なども進められてきた。しかし，少子高齢化社会の昨今において，広域災害や異常気象により災害が多様化している中，災害で命を落とす方が後を絶たないのが現状である。また，災害直後の応急的な生活を経て復興へ向けて生活を立て直していく過程では，住まいやしごと，地域コミュニティなどに関するさまざまな問題が相互に関係し合って，災害前のような生活を営むことは容易ではない。災害の様相は地域によって多種多様であり，それぞれの地域に即した，災害に対応する地域社会の仕組みのあり方が問われている。

　神戸大学都市安全研究センターのオープンゼミナールでは，阪神・淡路大震災を契機に月に1回の頻度で専門家や現地支援者などからの災害研究の成果や地域での取り組みを学ぶとともに，安心・安全な社会としていくための研究や実践のあり方について地域の方と議論している。質疑応答の際には，参加者の居住地域や仕事で関わっている地域での防災・減災対策のあり方について議論が広がることがよくある。住民と専門家や，支援者が知恵を出し合って安心・

安全な社会について考えることの必要性を感じている。

災害で人の命を失わず，一人ひとりを守る安心安全な地域社会としていくためには，地域に潜む問題点を見つけ，その問題解決に向かって地域で協力していくことがより一層求められている。本書を通じて，各分野における防災・減災についての専門知識や地域の人々の活動・ボランティアの実践による教訓を学んでいただきたい。そのうえで，災害時や復興過程において実際にどのようなことが地域で問題となり，どのような社会の仕組みのあり方が地域で求められているのかを，それぞれの地域の事情に合わせて，また自治体などが開催する勉強会などを通じて，身近な人と考えていただければ望外の喜びである。本書は法・医療・建築・土木・社会科学・人文学など各分野からの専門家や現地支援者に執筆者となっていただいた。

各章の位置づけは以下の通りである。第1部は，過去の災害を教訓として，災害に対応していくための地域社会の仕組みづくりのあり方を各分野から論じた。第1章と第2章で，被害を最小限に抑えるための防災・減災対策とそのあり方について各分野から解説した。第3章から第5章では，災害事後から復興へ向けた各分野における復興支援体制の課題とあり方について論じた。

第2部は第6章と第7章で，ここでは阪神・淡路大震災以降，国内外の被災地で支援活動に携わっている支援者からの災害後の現地支援活動の取り組みを紹介した。

第3部は第8章から第11章で構成される。災害時後から，より良い復興を成し遂げていくまでの地域社会の仕組みに焦点を当て，住まいや要援護者支援，復興のあり方について考察を進めた。

各章末にコラムを設けた。ここでは，より多くの災害研究・調査や現地支援などの取り組み事例に触れていただくために，各章のテーマに比較的近い分野の専門家や，現地で支援活動に関わっている学生からの，災害研究や地域での活動などで得られた知見を紹介した。コラムと合わせて読んでいただくことで，防災・減災の社会の仕組みや実践的手法について想像していただけると考えている。本書が安心安全な社会づくりに向けた地域の課題解決に役立つことができれば幸いである。

CONTENTS
目次

地域づくりの基礎知識　シリーズの目的 ……………………………… 2

人の命を守る「安心で安全な地域社会づくり」

……………………………………… 北後明彦・大石　哲・小川まり子　4

第1章　地域と災害 …………………………………… 北後明彦　11

1 地域の自然環境・社会環境と災害 ……………………………… 12

2 どのように地域の安全化をはかるか ……………………………… 13

3 地震後の市街地大火からの避難 ………………………………… 15

[コラム] 神戸の活断層 ………………………………… 鈴木康弘　19

[コラム] 場所ごとの地盤条件に応じた住宅の耐震化のあり方　長尾　毅　22

第2章　兵庫県の水害 〜都賀川・千種川・丹波〜 ……………… 藤田一郎　25

1 はじめに ………………………………………………………… 26

2 都賀川水難事故（2008年7月28日） …………………………… 27

3 千種川における豪雨災害（2009年8月9日） …………………… 32

4 丹波における豪雨災害（2014年8月16日） …………………… 38

5 まとめ …………………………………………………………… 43

[コラム] 阪神大水害 ………………………………… 沖村　孝　45

第3章　災害時のこころのケアと精神保健体制 ……… 曽良一郎　49

1 はじめに：災害時のこころとからだの変化 …………………… 50

2 回復へのこころの動き ………………………………………… 50

3 災害時のこころのケア ………………………………………… 52

4 災害と関係するこころの病 …………………………………… 56

5 大規模災害時の精神医療への緊急支援の課題 ················· 57

6 復旧・復興期（概ね3カ月以降）のこころのケア ············ 58

7 復旧・復興期（概ね1年以降）のこころのケア ············· 59

8 まとめ ··· 60

［コラム］災害と感染症 ································· 岩田健太郎 62

［コラム］南海トラフ巨大地震を想定したこれからの災害医療

··· 西山　隆 66

第4章 災害対応のガバナンス ·················· 紅谷昇平 69

1 はじめに：災害対応の特徴と難しさ ··························· 70

2 災害対応制度の変遷 ··· 70

3 自治体の災害対応体制 ··· 73

4 地域の災害対応体制 ··· 80

5 おわりに：小さな共助から大きな共助へ ····················· 83

［コラム］2009年フィリピン台風災害調査が示した共助から
脱落していく人々の問題点 ················· 大石　哲 87

第5章 被災者主体の復興まちづくりへ向けて
〜法制度の課題〜 ································· 金子由芳 89

1 はじめに ·· 90

2 日本の現状―参加手続の後退 ··································· 91

3 インドネシア・アチェにおける条例の取り組み ············· 95

4 中国2008年汶川地震震災復興再建条例 ······················ 97

5 ニュージーランド2011年カンタベリー地震復興法 ············ 100

6 示唆 ·· 103

［コラム］「伝える」ことの大切さ〜報道の立場から〜 長沼隆之 106

第6章 学生のボランティア活動　課題とこれから
～災害ボランティアを通じて～ ……………………… 東末真紀　109

1 はじめに ……………………………………………………………… 110

2 阪神・淡路大震災を経験して～学生ボランティア団体の経緯～ …… 111

3 阪神・淡路大震災を経験して～学生たちが紡いでいるもの～ ……… 112

4 神戸大学東北ボランティアバスプロジェクトの活動経緯と現状 …… 113

5 神戸大学持続的災害支援プロジェクトKontiの活動経緯と現状 ……… 117

6 大学でのボランティア活動の支援の課題 …………………………… 121

7 おわりに ……………………………………………………………… 122

[コラム] コミュニケーションの場をつくる被災地支援活動
　　　　～足湯とお茶会～ ……………………………… 伊庭　駿　125

[コラム] 地域と人をつなぐ被災地支援 ……………… 稲葉晃星　127

第7章 海外での被災地支援
～声なき声に耳を傾けて～ ………………………… 吉椿雅道　129

1 CODEの概要 ………………………………………………………… 130

2 四川大地震での活動 ………………………………………………… 131

3 ネパール地震での活動 ……………………………………………… 145

4 まとめ：最後のひとりまで ………………………………………… 148

[コラム] インドネシア・ムラピ山麓で展開されている防災を
　　　　唱えることから始めないコミュニティ防災… 日比野純一　151

第8章 地域を拠点とした共助による住宅減災復興 …… 近藤民代　155

1 はじめに：住宅と地域づくり ……………………………………… 156

2 住宅再建における自助と公助 ……………………………… 156

3 個人プレーによる住宅再建だけでは地域が復興しない ……… 157

4 リスクマネジメントと住宅減災復興 ……………………… 162

5 住みよい居住環境づくりと減災 ………………………… 166

6 事前住宅復興と地区防災計画 …………………………… 167

7 あとがき ……………………………………………… 168

　　［コラム］　災害復興・防災のための地籍図・古地図の利用 ……藤田裕嗣　171

第9章　災害時要援護者支援について ……………… 大西一嘉　175

1 はじめに …………………………………………… 176

2 東日本大震災における民生委員の要援護者避難支援行動 …… 178

3 調査結果 …………………………………………… 179

4 地図記載内容による行動分析結果 ……………………… 185

5 おわりに …………………………………………… 187

　　［コラム］　災害と障がいのある人々 …………………… 高田　哲　189

　　［コラム］　大規模災害時の避難者発生と支援マネジメント ……荒木裕子　191

第10章　復興まちづくり ……………………………… 塩崎賢明　195

1 災害と復興まちづくり …………………………………… 196

2 阪神・淡路大震災における復興まちづくり ………………… 199

3 東日本大震災の復興まちづくり ………………………… 206

4 まとめ ……………………………………………… 211

　　［コラム］　弁護士による支援 ………………………… 津久井進　213

　　［コラム］　阪神の住民主体まちづくりを東日本で ………野崎隆一　214

第11章 事前復興と復興ビジョン ……………… 室﨑益輝 217

1 はじめに ……………………………………………………… 218
2 巨大災害への備えとしての「減災」…………………………… 218
3 復興の類型と課題 …………………………………………… 222
4 事前復興の必要性と有効性 ………………………………… 226
5 復興のバネと復興のビジョン ………………………………… 231
6 おわりに ……………………………………………………… 235

[コラム] 阪神・淡路大震災, 東日本大震災の経済被害 … 豊田利久 236

[コラム] 災害を記録し, 未来へ伝える ……………… 佐々木和子 239

兵庫県近隣における災害学習と体験施設 ……………………………… 240

●表紙写真―南海トラフ地震を想定した津波からの避難訓練。
地元の小学生や園児たちも参加した。
(2013年12月, 大阪湾沿岸部で撮影:朝日新聞社提供)

第 **1** 章

地域と災害

北後 明彦
神戸大学都市安全研究センター

震災は地震の後に起こる一種の社会現象であるので，人々の暮らし方，社会環境のあり方によって被害を最小限にすることも可能である。ここでは，地震後の市街地火災からの安全確保を例に，どのように地域の環境をとらえ，安全化をはかっていくかについて示す。

阪神・淡路大震災時の火災では，密集市街地の延焼が問題になった。現在でも，危険な密集市街地をかかえる地方自治体では，道路網や公園緑地などの施設を活用した広域避難場所や避難路の整備が進められているが，まだ容量不足気味なところもある。

東日本大震災時の沿岸部では津波火災も発災した。今後は複合的な災害現象も発生することが予想される。地下街，高層建築物，密集市街地などさまざまな要素を考慮して，この複合的な災害からの避難手法を検討し，実地の対策に役立てることが求められるとともに，一人ひとりが備えることが減災につながる。

キーワード

地震と災害　阪神・淡路大震災　市街地大火
密集市街地　広域避難場所・避難路

1 地域の自然環境・社会環境と災害

　地域で人々が暮らすとき，普段の平穏な日々が続くと，それぞれの地域の条件に応じて災害が発生する危険性があることが意識されずに，大きな被害となってしまうことがある。1995（平成7）年1月17日に発生した兵庫県南部地震によって甚大な被害を生じた阪神・淡路大震災は，この典型例である。ここで「地震による震災」と，一般には使われない表現としたのは，地震と震災の違いを示すためである。

　地震は，地球を構成する地下の岩石が急激に破壊する自然現象であり，地面の揺れ（地震動）を引き起こす。これに対して，地震動によって建物が倒壊し，倒壊により人々が死傷するなど，大きな被害を生じた場合，震災と呼ぶ。地震が発生した場所に建物や人々が存在しなければ，あるいは，存在したとしても耐震補強していれば被害は生じないことから，震災は一種の社会現象であるといえる。震災は社会現象であるので，人々の暮らし方，つまり社会環境のあり方によって被害を生じないようにすることも可能である。

　阪神・淡路大震災の原因となった兵庫県南部地震は直下型地震であり，これを引き起こした断層付近では数百年のタイムスパンで地震が発生する。別の断層付近で，数百年よりも早めに地震が発生することも考えられるが，それにしても地震が発生しない年月が長期間続くことになる。このような場合，科学者の警告があったとしても地震が発生することについての考慮に欠けるようになり，次第に地震に対して弱い建物が地域に増え，また，地震の際に発生する火災によって延焼しやすい建物も増え，地域の脆弱性が高まってくることとなる。阪神・淡路大震災は，まさにこの脆弱性が地域で高まっている中で，数百年に一度の直下型地震が発生することによって引き起こされた。災害は，このように地域の脆弱性により潜在的危険性が高まっている社会環境の中で，災害の起因となる地震などの自然現象が引き金となって引き起こされることとなる。

　災害の中には，自然環境が人為的に改変されることによって引き起こされることもある。例えば，林業不振で間伐などの森林管理がなされなくなり表面侵

食，崩壊の潜在危険性が高くなる。また，山麓部の宅地化により，土石流など
により影響を受ける範囲が広がり，地域の脆弱性が高まる。

2 どのように地域の安全化をはかるか？

　自然環境・社会環境との関係で長期的な地域の安全化をはかるには，地域に
蓄積されてきた脆弱性を解消し，潜在危険性を低下させる必要がある。その方
法は，災害の種類や市街地のタイプによって異なるが，ここでは阪神・淡路大
震災時の市街地大火で問題となった密集市街地の整備課題と解消手法について
示す。
　日本の大都市周辺には，延焼防止性能の低い密集市街地がいまだ広範囲に拡
がっており，地震によって発生する同時多発火災が，風速などの気象条件や消
防力の状況によっては，複数箇所で発生した火災の延焼範囲が順次拡大し，延
焼範囲が合流して避難困難な状況を生じることもありえる。
　これに対する日常的な施策としては，密集市街地の再整備により燃えないま
ちづくりを進め，逃げなくても安全なまちとしていくことが各地域で取り組ま
れてきた。密集市街地がさらに広範に拡がる地域では都市防火区画となる延焼
遮断帯を整備して火災の延焼範囲を一定にとどめることが重要視され，東京都
においては1981（昭和56）年に策定された「都市防災施設基本計画」に基づ
く区部の全域を対象とした防災生活圏構想により，道路，河川，鉄道，公園な
どの都市施設の整備とその沿道建築物の不燃化により都市防火区画となる延焼
遮断帯を形成して市街地をブロック化し，さらに，この延焼遮断帯によって囲
まれた圏域内で防災まちづくりを進めて「火を出さない，火をもらわない，逃
げないですむまち」を目指してきた。
　その後，1995年に発生した阪神・淡路大震災時の市街地大火では，弱い風
速であったこともあり，区画道路を超えた延焼が見られたものの広幅員道路や
耐火造の効果によって延焼阻止した割合が高い（北後，1996）。その結果，都
市全域にわたる大規模火災とはならず，街区内延焼，あるいは，数街区が延焼

第 1 章　地域と災害

した市街地火災となったケースが多い。しかし，延焼遮断帯によってブロック化できた場合の街区内延焼であってもその街区内部はほぼ焼き尽くされ，倒壊家屋の中に取り残された人々が焼死するなどの深刻な状況があったことから，広幅員道路などで囲まれた密集市街地の内部，いわゆる「アンコ」部分の火災対策の必要性が認識された。

　このような状況の中で，街区内を含む密集市街地の整備手法としては，空地を増やす，新規に広幅員道路を通すなどの抜本的な対策が検討されているが，権利関係の調整などに相当長期間を要するために，整備期間が相当長期に及ぶか，実質的な実現性に乏しい。従って，個別の建築物の建て替えや防火改修などの建築レベルの対策が主とならざるを得ない。密集市街地のケーススタディとして，ミクロな延焼シミュレーションを活用した延焼リスク評価を行ってみれば，準耐火建築物への順次更新による延焼リスクの低下が確認され（竹内，北後，2009），道路拡幅よりも準耐火建築物への構造変化のほうが即効性のある有効な対策となり得る。

　東京都においては，準耐火建築物の防火性能に着目して，震災時の延焼火災から生命と財産を守るために，建築物の耐火性能を強化することを目的とした「新たな防火規制」が 2003（平成 15）年 3 月に創設された。この新たな防火規制の適用を受ける区域の指定は順次広がっており，指定された区域では耐火性能の高い準耐火建築物以上にすることが義務付けられている。この新たな防火規制は，周辺の自治体へも波及している。横浜市では，2012（平成 24）年 10 月に見直した「横浜市地震被害想定」で，これまでの想定に比べ，火災による被害が大幅に増加したことから，地震火災対策の強化に向け，2014（平成 26）年 3 月に，「横浜市地震防災戦略における地震火災対策方針」を策定し，「新たな防火規制の導入と不燃化推進補助との連動による建築物の不燃化」を主要な施策として位置づけ，さらに，この方針に基づき，地震火災が発生した場合の延焼により建築物に著しい被害が生ずる恐れのある地域において，建築物の不燃化を推進し，大規模地震時の延焼被害の拡大を防止するため，2014 年 12 月 26 日に，「横浜市不燃化推進地域における建築物の不燃化の推進に関する条例」を制定している。今後指定される「不燃化推進地域」において建物を建てる際，原則として，すべての建物を準耐火建築物以上とすることが義務付けられるこ

14

ととなる。

このように新たな防火規制が広がっている状況にあるが，その背景には，準耐火建築物についての基準が整備され，また，理解が広がっていることも一つの要因と考えられる。準耐火構造は，1992（平成4）年に導入され，木造3階建ての建物を準耐火構造として建築できるようになり，2000（平成12）年の建築基準法の性能規定化により新しい技術を用いた木造の準耐火建築物が普及するようになってきている。一方で，このような準耐火建築物への建て替えや新たな防火規制により，地域の安全化が進む可能性があるのは，地域の更新力が高い都心に近い地域に限られる。少子高齢化で人口が減少傾向となる時代，駅から離れた宅地への需要が限られるので，高齢者が居住する建物の更新が進まず，耐震性，耐火性に問題のある市街地の解消が課題となり続ける現実がある。

密集市街地は，各都市の成長期に道路などが不備なままその時期の周辺部が急激に宅地化し，延焼遮断性の低い建物が密集してしまった市街地であり，基本的には人工環境である。このような中で，火災安全性の面で欠陥のある人工環境を改良して欠陥をただすことは必要なことであるが，同時にそれまでに地域に築かれた雰囲気は地域住民にとって大切なものであるので，そのような環境を大切にしつつ安全をはかる方法を探る研究が求められる。

3 地震後の市街地大火からの避難

逃げなくてもよいまちづくりは，地域の人々に安全をもたらし，安心感をあたえるが，密集市街地の膨大なストックを考えると一斉に整備することは困難であり，当面の課題としては，大規模な火災が発生したとしても，避難誘導により人々の安全を確保できる方法を用意しておかなければならない。

大都市で発生するさまざまな災害事象を考えたとき，その脅威が直接的に感じられる場合，人々は直感的に逃げるのに対し，その脅威が当面は身近にはない場合，人々はなかなか避難しない傾向がある。前者の場合は人の集中による群集災害の危険があるのでいかにこれを避けるかの課題があり，後者の場合は

第1章　地域と災害

いかに避難を促進するかの課題がある。

　市街地大火の場合，火災が接近してきて初めて避難を開始する傾向にある。風が弱いときや火災の延焼範囲の風上では燃焼に必要な空気が火災側へ向かい，火災の近くでも火煙の影響を受けにくいためである。1995年の阪神・淡路大震災の際の市街地大火時に消火活動をした人々の8割以上は，自宅が延焼し始めて以降に避難，あるいは，消火活動を続けている（村田，1996）。

　阪神・淡路大震災の場合は，同時多発火災ではあったが風が弱い気象条件のため，1つの火災が燃え広がって別の火災と合流することはほとんどなかったが，1923（大正12）年の関東大震災の同時多発火災では，複数箇所で発生した火災の延焼範囲が順次拡大して，その中にいる人々が知らない間に周囲の延焼範囲が合流して取り囲まれ，次第に熱や煙の立ち込める悪条件の中を避難せざるを得なくなり，退路を断たれて多数の犠牲者を出す結果となった。

　このようなことから，市街地火災が発生し，大火となることが予想される著しく危険な密集市街地である場合には，地域の人々を避難誘導することは不可欠である。

　そこでこのような著しく危険な密集市街地をかかえる地方自治体では，道路網や公園緑地などの施設を活用した広域避難計画が策定され，必要な広域避難場所や避難路の整備が進められている。地震が発生したあと，住民は地域の防災活動拠点や避難中継の役割を果たすコミュニティ施設や学校などのコミュニティ防災拠点（避難所など）や一次避難地に集まり，必要に応じて消火活動，救護活動を行う。防災活動拠点などに集まった住民や，消火活動や救護活動中の住民は，避難誘導の指示により，広域避難地まで避難路を通って避難することになる。

　避難路は，十分な幅員を有する市街地内幹線道路や緑道などをつかったネットワークとして計画されている。広域避難場所は，公園緑地，広場など，一定の広さのオープンスペースを活用して震災火災から住民の生命がまもれるよう計画されている。なお，火災危険度が高い市街地に位置する広域避難場所・避難路では，広域避難場所・避難路の周辺での建築物の不燃化を計画し，火災に対する避難者の安全を確保する。

　ただし，このような計画があったとしても，密集市街地の延焼危険度の高い

地域の場合，これに対応する安全で十分な容量のある広域避難場所・避難路は不足気味である。このような地域で都市計画決定された幹線道路の整備が長年放置されていることも珍しくない。その背景には，幹線道路計画が地域の特性と合致せず，地域の人々に受け入れられていないことが考えられる。地域の特性に合致した道路として日常時，及び非常時に活用される計画について探求することも必要である。しかし当面は，より早めに避難誘導を行って，避難路の容量不足を補い，不足する広域避難場所を補うためより遠くの広域避難場所へ誘導せざるを得ない。

　地震が発生し，同時多発火災が発生したとする。上記のような不十分な広域避難場所・避難路の条件の市街地であっても，現在ある地域資源を活用し，落橋時の袋小路や隘路などの弱点を把握した上で，同時に延焼する範囲に避難者が取り囲まれないようにするための避難誘導を適切な状況把握を行いながら実施することが重要である。研究的には，延焼などの状況把握から適切な判断に導くリアルタイムシミュレーションが数多く提案されてきたが実際に活用できるには課題が多く，この分野での活用に至るまでの研究がさらに行われる必要がある。また，災害時にはこのようなシステムの全部または一部が機能しなくなることも考慮した運用も必要である。

　2011（平成23）年の東日本大震災以降は，沿岸部の大都市での津波火災からの避難も課題となってきている。気仙沼市では，この東日本大震災の津波により湾岸部を中心に大火災となった。風向きの影響で，浸水していない市街地中心部への延焼は免れたが，人々を津波から救った津波避難ビルにおいては，二次避難を必要とする事態となった。大阪など南海トラフ巨大地震の影響がある大都市においては，津波の来襲とともに，市街地大火と津波火災の同時発生による複合的な災害現象も発生することが予想される。地下街，高層建築物，密集市街地など大都市ゆえの要素を考慮して，この複合的な災害からの避難手法を検討し，実地の対策に役立てることが喫緊の課題である。

　ここでは地震が発生したことによる震災，その中でも市街地大火と延焼から，備え，避難行動，密集市街地の解消，建築物の耐火を主に紹介した。地域の自然環境・社会環境と災害の発生とは大きく関わっており，地域での住まい方，社会経済活動のあり方を整え，災害発生への影響が高まらないように一人ひと

第1章　地域と災害

りが備え，実現していくことが大切で，それが減災へとつながるのである。

《参考文献》

- 北後明彦 1996「大規模火災の焼け止まり要素の分析」（日本火災学会編『1995年兵庫県南部地震における火災に関する調査報告書』，75-105頁）
- 竹内優介，北後明彦 2009「密集市街地における延焼リスクと住民意向を考慮した街区環境のあり方に関する研究」（『神戸大学都市安全研究センター研究報告』13巻，49-55頁）
- 村田明子 1996「消火・延焼防止活動」（日本火災学会編『1995年兵庫県南部地震における火災に関する調査報告書』，223-228頁）
- 北後明彦 2012「東日本大震災における津波火災への対応行動と2次避難」（『消防科学と情報』108号，26-30頁）

コラム 神戸の活断層

鈴木 康弘（名古屋大学減災連携研究センター）

阪神・淡路大震災は，六甲山地の山麓に位置する「活断層」の活動によって起きた。当時，神戸のまちのほぼ真下に活断層があることは知らされていなかった。不安を煽るだけになりかねない情報を国民に伝える必要はないというのが，1990（平成2）年代前半までの我が国の一般的な考え方だったからである。しかしその後，国民の知る権利が尊重され，「都市圏活断層図（国土地理院）」などにより活断層情報はすべて公開されるようになった。

地震直後に発足した政府の地震調査研究推進本部（地震本部）は，マグニチュード（M）7以上の地震を起こす可能性のある主要活断層を全国で約百カ所指定し，今後の地震予測情報を取りまとめた。そのうちのひとつ『六甲・淡路島断層帯の評価』によれば，阪神・淡路大震災は，淡路島から神戸・西宮にかけてのびる六甲・淡路島断層帯の一部が活動したものとされている。淡路島の西海岸では地震断層（野島断層）が地表に現れ，最大2mのずれが生じて甚大な被害が生じた。しかし神戸市内には現れず，六甲断層の真上にある

新幹線新神戸駅などでも大きな被害は生じなかった。そのため1995（平成7）年には，淡路島の野島断層は本格的に活動したが，六甲断層の活動はやや小さかったと判断された。六甲断層の大規模な地震は16世紀に起こっていて，以来，四百年以上経過しているとされた。一般に活断層は長い周期をもって活動を繰り返し，ひとたび大規模な活動が起きればその後は地震発生の確率が下がるが，神戸はこれには該当しないことに注意を要する。

ところで1995年の地震の際の甚大な被害は，山麓の六甲断層沿いではなく，1～2km海寄りで生じた。神戸市長田，三宮，東灘，芦屋などで震度7になり「震災の帯」と呼ばれた。阪神高速道路の倒壊，阪神電鉄やJRの線路崩壊，大規模火災などもそこで起き，「震災の帯」の成因が議論された。

この議論は一般には「地盤効果説」で説明されている。神戸付近では六甲断層より東側で基盤（岩盤）の深度が急激に深くなっており，そのような場所に地震の揺れが伝わると，断層からやや離れた場所で揺れが増幅されるという

考えであり，合理的である。

しかしながら震災後に本格化した活断層調査は，この「震災の帯」の下にも六甲断層とは別の活断層があることを明らかにした。最初に確認されたことは，JR元町駅付近から県庁へ上がる坂道が地殻変動（撓曲）により形成された撓曲崖であることである。もともと六甲山地から流れ下る河川が運んだ土砂によって形成された平坦な地形が，現在は約20mの高度差をもって撓み上がるような独特の地形勾配を持っている。震災後の反射法地下探査により，この崖のつけ根（県道21号神戸明石線）付近の地下に北西方向へ傾く逆断層が伏在していることが明らかになった。こうした伏在断層が深い場所で1995年に実際に活動したかどうかについては決め手となるデータがなかった。

こうした伏在断層は神戸地域には広く分布する。兵庫県（1997）は反射法探査とボーリング調査により伏在断層の存在を確認し，市街地の地下には伏在断層が複数存在し，地下地質に大きな落差を生じていること，及び地表には極めて緩やかな変形をもたらしていることを報告している。一方，図1は渡

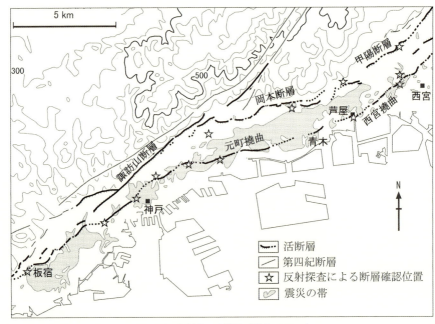

図1　神戸地域の活断層（鈴木，2001）

辺ほか(1997)が，主に地形に現れた活撓曲の存在から断層分布を検討したものである。図1と兵庫県(1997)の結果を比較すると，三宮〜芦屋間では推定位置にやや違いがあるものの，それ以外の場所ではほとんど一致している。

今後の防災上，再認識しておくべきことは，「震災の帯」の下には活断層があるということである。1995年にこの断層が活動したかどうかははっきりしないが，地下の活断層が今後活動すれば，震度7に再び見舞われる可能性を持っていることを忘れてはならない。

《参考文献》

・鈴木康弘 2001『活断層大地震に備える』(ちくま新書)

・渡辺満久ほか 1997「神戸・芦屋・西宮市街地の活断層と兵庫県南部地震に伴う震災の帯」(『地形』18巻3号，223-232頁)

・兵庫県 1997（兵庫県立人と自然の博物館監修）『阪神・淡路大震災と六甲変動－兵庫県南部地震域の活構造調査報告－』

コラム 場所ごとの地盤条件に応じた住宅の耐震化のあり方

長尾 毅（神戸大学都市安全研究センター）

2016（平成28）年に発生した熊本地震では，布田川・日奈久断層帯を震源断層とする大きな地震動が生じ，熊本県益城町では前震・本震ともに震度7を記録した。一連の地震活動によって広範囲に被害が発生したが，特に益城町の住宅被害が甚大であった。ここでは調査によって明らかとなった益城町における地面の揺れと住宅被害の関係について考えてみたい。

益城町で被災した住宅の特徴として大きく3つの点が指摘できる。第一には古い住宅である。古い住宅は台風に備えるために重い瓦葺きの屋根が多く，かつ土を用いて瓦を固定している場合は，特に屋根が重くなり，耐震性が低くなる傾向にある。老朽化も進んでいた可能性が高い。加えて，建築基準として古い住宅は旧基準に従っており，1981（昭和56）年以降の新耐震基準に従って建築された住宅と比較すると耐震性が低いといえる。

第二に，益城町は北側が標高が高く南側が低い傾斜地であるため，住宅の建築にあたり盛土工事を行って平坦な敷地を確保し，その上に住宅を建てている例が多い。盛土はいかに丁寧に施工しようとも軟弱な構造であり，地震時には地震動が増幅し，このため多くの住宅が被害を受けた。盛土工事に際しては擁壁工事が行われることとなるが，たとえ地震によって擁壁が崩れなくても，地震時の地震動増幅により住宅被害が生じることがある。

第三に，益城町の地盤条件として，非常に軟弱な地盤が堆積している地点が存在する点を挙げることができる。盛土と同様に，自然堆積地盤においても地盤が軟弱であればあるほど地震動が増幅されるため，地震時の住宅被害に結びつきやすい。軟弱地盤の上に建てられた住宅被害の例を写真1に示す。この住宅は外見から判断する限り老朽化が進んだ住宅とは考えにくいが，重機で破壊したかの如き被災状況は非常に衝撃的なものであった。また，新耐震基準により施工された2階建て住宅で，1階部分が完全に破壊してしまった住宅もあった。2階建て住宅の1階部分が押し潰される被災形態は益城町のいたるところで確認されたが，新耐震基準に従った場合でも，地盤が

軟弱な場合は地震に耐えることができないことが示されたといえる。常時微動観測という手法を用いて益城町の地盤条件を詳細に調べた結果として、軟弱な地盤が厚く堆積している地点ほど住宅被害が激しいという結果が得られている。

写真1　益城町にて、被災した住宅

熊本地震調査の結果から、住宅の耐震強化の重要性が改めて示されたといえるが、軟弱地盤の上に建つ住宅では、建屋の耐震性だけを考えるのでは不十分である。2000（平成12）年以降、住宅建設にあたり地盤調査が義務化され、地耐力に応じた基礎構造選定や地盤改良などが行われるようになった。このため、地盤に関するケアが進んでいるように見えるが、地耐力とは地震が発生していない条件で地盤が住宅を支えられるかどうかということであり、かなりの軟弱地盤であっても地盤改良の必要なしと判定されるケースも多い。さらに、地盤調査の結果を踏まえて地盤改良が行われる場合においても、耐震性という観点からは不十分な改良ですましてしまうケースも数多いと考えられる。耐震性という観点から考えれば、現状の地盤に関する基準は十分とはいえず、建屋の耐震性に関する議論と並行して、地盤の耐震性に関する議論を行うべきであろう。

第2章

兵庫県の水害
〜 都賀川・千種川・丹波 〜

藤田 一郎
神戸大学大学院工学研究科

本稿では兵庫県内で発生した近年の豪雨災害の事例として，平成20年の都賀川，平成21年の千種川及び平成26年に丹波市を中心に発生した災害を取り上げ，その詳細をさまざまなデータに基づいて紹介する。特に，ゲリラ豪雨の恐ろしさを映像で見せつけ，全国的にも強いインパクトを与えた結果，Xバンドレーダーが全国に普及する契機となった都賀川の水難事故については詳しく説明する。洪水氾濫時の避難の問題点が浮き彫りとなった千種川の災害についても詳述する。これらの災害から学ぶべき反省点として，災害弱者への速やかな情報伝達の重要性及び河川監視カメラのさらなる活用法について論じる。

キーワード

ゲリラ豪雨　河川氾濫　避難行動　河川対策の効果

第 2 章　兵庫県の水害　〜都賀川・千種川・丹波〜

1　はじめに

　我が国において洪水災害は，毎年，列島のどこかで発生している頻度の高い自然災害である。2011(平成 23)年以降を振り返ってみると，2011 年 7 月の新潟・福島豪雨，同年 9 月の奈良県，和歌山県を中心とした紀伊半島大水害，平成 24 年（2012 年）7 月九州北部豪雨，平成 25 年（2013 年）9 月京都・滋賀豪雨，伊豆大島豪雨（2013 年 10 月），平成 26 年（2014 年）8 月広島豪雨，平成 27 年（2015 年）9 月関東・東北豪雨，平成 28 年（2016 年）8 月北海道・東北豪雨，平成 29 年（2017 年）7 月九州北部豪雨，平成 30 年（2018 年）7 月豪雨と，毎年のように大きな災害が発生している。2015 年の関東・東北豪雨では一級河川の鬼怒川が決壊し，翌年の北海道・東北豪雨では北海道の広い範囲で災害が発生した。また，平成 30 年 7 月豪雨では西日本を中心に全国的に広い範囲で記録的短時間豪雨を記録するなど，近年の河川災害は規模が大きいのが特徴である。気象庁は，2012 年の豪雨災害を契機に特別警報の運用を始め，「数十年に一度の災害が予想されるため，発令後，住民は直ちに命を守る行動をとるように」と最大限の警戒を呼びかけることになったが，皮肉なことに特別警報は運用後，場所を変えながら毎年続けて発令されているのが現状である。すなわち，豪雨災害は特別な場所で発生するのではなく，手加減なしにどの流域でも発生する。このような最近の傾向は気候変動の影響と考えられ，例えば，「非常に激しい雨」と表現される時間雨量 50mm を超える雨の回数は 10 年あたり約 10％増加し，「猛烈な雨」である時間雨量 80mm を超える雨の回数は 10 年あたり約 15％とさらに増加している。過去 100 年でみると日降水量 100mm 以上の日数は約 25％，日降水量 200mm 以上の日数は約 40％の増加となっている。逆に，無降水日の数は過去 100 年で 10 日減ったというデータもある（気象庁，2017)。

　兵庫県においても数多くの豪雨災害が発生してきており，古くは 1938（昭和 13）年の阪神大水害，1959（昭和 34）年の伊勢湾台風に引き続き，目立った災害は 1967（昭和 42）年，1976（昭和 51）年，1990（平成 2）年，2004（平

成 16）年，2009（平成 21）年，2014 年などに発生した。2008（平成 20）年 7 月には神戸市内の都賀川で一般的にゲリラ豪雨と呼ばれる局地的集中豪雨による水難事故も発生した。本稿では，2008 年の都賀川，2009 年の千種川，2014 年の丹波市における豪雨災害に焦点を当て，その内容とその後の対策などについて解説する。

2 都賀川水難事故 （2008 年 7 月 28 日）

本節は，藤田（2009），國田・藤田（2010）及び Fujita ほか（2013）に基づく。

■ 災害の状況

都賀川は六甲山から神戸市内を通って瀬戸内海に流れる表六甲河川の一つで，河口から上流の六甲川・杣谷川合流点までの距離が 1.79km，平均勾配が約 1/40 という非常に短い急流の二級河川（管理責任者は兵庫県）である。図 1 に表六甲河川における都賀川の位置関係を示した。

上流域の大半は六甲山系の山林であり，流域の下流側では山際まで市街地が開発されている。都賀川では 1996（平成 8）年から 2005（平成 17）年にかけて河川改修が行われ，地元の「都賀川を守ろう会」などからの要請もあって，自然石や環境ブロックを使用した生物にやさしい水路整備が行われ，階段・スロープ・遊歩道などの親水施設が整備された。阪神・淡路大震災時には都賀川の水を生活用水に利用できたことから緊急時の河川水利用施設としても認識されていた。この都賀川においてゲリラ豪雨に伴う急な増水のために水難事故が発生したのは，2008 年 7 月 28 日 14 時 40 分ごろのことである（藤田，2009）。事故当時，直前までは晴天が続く暑い日だった。ゲリラ豪雨は特に住宅域を中心として発生し，14 時 40 分からの 10 分間雨量は都賀川東側の鶴甲雨量計で 24mm（時間雨量換算で 144mm），西側の永峰雨量計で 17mm（時間雨量換算で 102mm）を記録した。この降雨は長続きせず 30 分程度で弱まったが，都賀

川には上流の河川を経て流入してきた水が一気に合流し，水位を急激に上昇させたため，降雨の降り始めの時間と増水開始の時間差はほとんどなかった。都賀川甲橋の上流に設置された水位計では10分間で1.34mの水位上昇を記録したが，「一気に増水し，津波のように押し寄せてきた」といった目撃談もあり，実際の水位上昇は短時間であったと思われた。このことが客観的に明らかになるのは，神戸市が甲橋下流右岸に設置していた河川監視カメラが2分間隔の静止画で増水の一部始終を記録していたからであり，ゲリラ豪雨の怖さを視覚的に伝える画像として国内外で反響を呼んだ。図2に示した増水前後の画像から，増水の24分前まではまだ多くの人が河川内にいること，増水開始から2分後には水位が急激に上昇していること，また約30分後には増水直前の状態に戻っていることなどがわかる。

この時期は夏休み中ということもあり川遊びなどをしていた多くの人が流された。灘警察署の発表では，救助された人は11人，自力で避難した人は41人に上ったが，逃げ遅れた市民・学童5人が亡くなるという痛ましい結果となった。都賀川は，官民一体による河川整備の成功例として知られ，さまざまな親

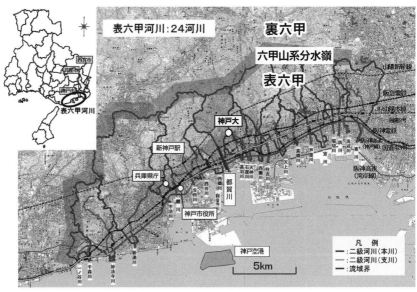

図1　表六甲河川における都賀川の位置関係
出典：藤田（2009）を基に筆者作成

水活動や環境学習のフィールドとして利用されてきたが，今回の水難事故は河川管理者と利用者である流域市民に対し，親水利用に関してこれまでに想定されていなかった新たな諸問題を投げかけた。ただし，都賀川は雨が降ると急に増水する危険な川であることは以前から地元住民にはよく知られていたことであり，2008年の事故からちょうど10年前の1998（平成10）年7月26日にも同様の増水で逃げ遅れた子どもが孤立するという事故もあったという。また，都賀川水難事故発生と同じ年の8月5日には東京都豊島区の下水管工事現場で，上流から流れ込んだゲリラ豪雨による雨水で下水道管の水位が急激に上昇し，下水管内で作業中の作業員5人が流されて亡くなるという事故も発生している。

図2　都賀川甲橋における増水前後の様子（2008年7月28日）
　　（左上：14時18分，右上：14時42分，左下：14時44分，右下：15時12分）
　　出典：神戸市から提供された映像データを基に筆者構成

■ 事故後の対策

　この災害において重要なのは，当時，日本海側からは前線が南下中であり，

その移動予測から13時20分には大雨・洪水注意報, 13時55分には大雨・洪水警報が出されていた点である。これらの警報が事前に伝わっていたら事故は未然に防げたかもしれないという観点から, 事故後, 都賀川を含めた主要な表六甲河川には河川沿いに多数の回転灯（警報ランプ）が設置された。回転灯は, 大阪管区気象台が大雨洪水注意報／警報を発表するとラジオ関西が自動的に放送に制御信号を割り込ませて送信し, それを受けた現地の電波受信装置が回転灯を点灯させるようにシステム化されている。さらに, 甲橋には電光掲示板が設置され注意報などの発令状況が表示されるようになった。2009年から2012年まで現地で行われたアンケート調査によれば, 回転灯の認知度は97％と非常に高く, 回転灯の点灯基準に対する認知度は40％程度と高くないが「点灯時には退避する」と答えた回答は増えており, 設置意義がある程度認められた形となっている。

ただ, 事故後ほぼ4年にあたる2012年の7月21日昼間には10分間で67cmの水位上昇があり, あわやという危険な状況も見られた。図3には2012年の増水前後の画像を示す。

図3　都賀川甲橋における増水前後の様子（2012年7月21日）
出典：神戸市から提供された映像データを基に筆者構成

増水前, 回転灯は点灯し, 電光掲示板も注意を喚起しているが, 橋下には学生グループ（バーベキューを実施していた）が残っている。彼らに対しては警察官が14時00分に注意をするために橋下まで出向き, 14時02分には退避したが, わずか2分後の14時04分には左岸の雨水幹線から大量の水が流入し, 上流からの流れと合わせて急激な増水が始まっている。警察官による指摘と誘

導がなければ，犠牲者が出た可能性があった．2008年の事故を教訓に，警察と消防が注意報発令と同時にパトロールに出動していたことが功を奏した結果となったが，非常に危うい状況であった．

このような事態もあって新たに取られた追加対策としては，①河川利用者への安全啓発チラシの配布，②近隣小学校などへの出前講座の実施（兵庫県），③増水状況の注意看板設置，④大雨洪水注意報／警報発表時に出入り口ゲートを閉鎖（2013年4月運用開始，26カ所），⑤増水時に，近くの出入り口までつなぐ避難通路を設置（2013年6月設置，高さ50cm，13カ所），⑥近くに出入り口が無い箇所にはタラップを設置（2013年7月設置，15カ所），⑦増水時の様子をインターネットで監視するためのカメラ設置（2013年9月から，6カ所，過去3日間の動画を完全録画），などがある．行政的にはこれ以上望めないほどの対策が施されていると言ってよい．避難用タラップと避難通路を図4に示した．避難通路は逃げ遅れた場合の避難ステップでもある．

図4　追加対策としての避難用タラップと避難通路
出典：兵庫県から提供された画像を基に筆者構成

ゲリラ豪雨という用語は正式な気象用語ではない．2008年に増水事故による犠牲者が相次いだこともあって都市部を中心に高性能な気象レーダーであるXバンドMPレーダーが国土交通省によって整備され始め，2015年までに39基が全国の主要都市をカバーするに至っている．ここまで都賀川が注目を集め

たのは，「急激な増水」がどれほど危険なものであるかを誰にでもわかる形で河川監視カメラが「見える化」して見せた点にあり，可視情報の有用性を改めて一般に知らしめた点でも重要である。また，ゲリラ豪雨に関する研究が活発に行われるようになったのもこの事故以降のことであり，その意味で決して忘れることのできない災害である。ただ，都賀川のように親水整備が進むと，住民の多くは普段水の流れている中央部分の低水路が河川であって両側の遊歩道は安全だという錯覚に陥りやすい。遊歩道を利用していても，「実は，今歩いているのは川底」という認識を広めることが最も大切なことである。

治水上の観点から見れば，水難事故時のピーク流量は毎秒40m³程度と推定されているが，この値は都賀川そのものが洪水の危険となる計画流量である毎秒約250m³と比べると6分の1程度に過ぎず，治水上の問題は全くない。しかし，1938年の阪神大水害の際には，都賀川も大量の土砂で埋まっており，今後は親水利用に対する対策だけではなく，本来の豪雨災害が発生した場合の流域対策についても詳しく検討しておく必要がある。

3 千種川における豪雨災害 （2009年8月9日）

本節は，藤田（2010），藤田・伊藤（2011），西播磨県民局（2012a），同（2012b），同（2016）に基づく。

■ 気象状況

千種川における豪雨災害の要因となったのは，台風第9号の接近に伴ってもたらされた大量の雨である。日本列島への上陸はなかったが，台風の北上に伴って大規模な雨雲領域が日本列島を縦断するように誘発され，この雨域が豪雨の要因となった。特に，8月8日から11日にかけては，西日本から東日本の太平洋側と東北地方の一部で大雨となり，四国では総雨量が700mmを上回る地域があったほか，徳島県，香川県，岡山県及び兵庫県の一部では，8月の月

降水量平年値の2倍を越える記録的な大雨となった。日本南海上で発生した台風は8月9日から11日にかけて日本列島に接近し，その後，東に抜けて熱帯低気圧から温帯低気圧に減衰している。台風第9号では暴風域は発生しておらず，最低気圧が992hPa（ヘクトパスカル），最大風速が毎秒20mの強風域を伴う程度であり，また，3日程度で熱帯低気圧へ減衰するなど台風の規模としては大型のものではなかった。しかしながら，兵庫県においては播磨北西部から但馬南部にかけて記録的な大雨をもたらし，佐用町を含む兵庫県北西部では，洪水氾濫，がけ崩れ，橋脚の流失などに加えて多くの死者・行方不明者を出すという大惨事が発生した。佐用町役場も浸水し，行政機関としての機能低下を招いた。ちなみに，台風第9号の直前に発生した台風第8号（MORAKOT）は，8月9日の段階では台風第9号の北西側にあったが，台湾を直撃して3日間で約3,000mmもの世界記録的な豪雨とそれに伴う大水害を引き起こし，死者・行方不明者合わせて700人以上という災害をもたらしている。

■ 災害の要因

　台風第9号が兵庫県にもたらした24時間降水量は，兵庫県佐用町で過去最大の187mmの1.75倍に相当する327mmであった。図5に24時間降水量の過去のランキングを示すが，今回の降雨が従来の傾向からは想像もつかないほどとびぬけた異常な降雨であったことがよくわかる。327mmという数値は千種川の河川整備基本方針で想定する265mmの1.23倍であり，河川計画で想定したよりも激しい降雨だった。佐用町では1時間降水量についても過去最大の1.56倍の87mmという降水があり，こちらも大幅な記録更新となった。この1.56倍という倍率は，他の記録更新地域が過去最大の1.2〜1.3倍程度であったことと比較すると際立った数値である。

　図6に千種川流域における24時間降水量と1時間降水量の分布を示す。図6より降水が特に佐用町に集中したことがわかる。

　気象庁や国土交通省のレーダーからは，佐用町周辺に集中した雨量分布が2時間以上滞留していることが見て取れ，このことが記録的な豪雨をもたらした。この雨量分布の滞留については，紀伊半島側から北西方向に大量の水蒸気が供

第 2 章 兵庫県の水害 ～都賀川・千種川・丹波～

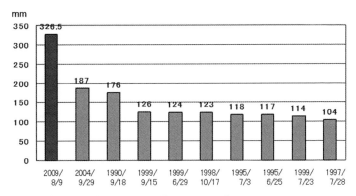

図 5 佐用観測所における日雨量のランキング
出典：土木学会関西支部佐用町災害合同報告会資料（2009 年 12 月 7 日）

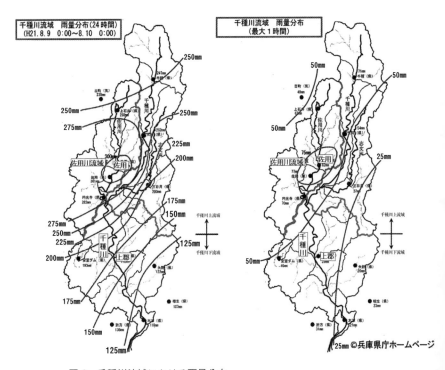

図 6 千種川流域における雨量分布
出典：兵庫県「第 1 回千種川委員会資料」（2009 年）を基に筆者作成

3 千種川における豪雨災害（2009年8月9日）

給され続けたことが原因の一つと考えられている。

■ 災害の状況

　災害の状況は播磨北西部の佐用町と宍粟市に特に集中しているのが特徴で，堤防の決壊・越流による河川の氾濫をはじめ，土石流，風倒木の発生，山腹の崩壊や道路の寸断，鉄道（JR姫新線）盛土の流失，橋の流失など各所で大きな爪痕を残した。この豪雨災害により佐用町では，死者18人，行方不明者2人の尊い人命が奪われた。西播磨県民局が管轄する地域全体では，床上・床下浸水が1,433棟，家屋の全壊・半壊が1,050棟にも及んだ。総被害額は346億円と見積もられた。佐用川の佐用水位観測所の水位と気象庁の佐用雨量観測所の雨量の時間変化を図7に示す。

　図7によると，雨量のピークの1時間程度後に水位のピークが発生しており，タイムラグがほとんどないことがわかる。また，図7から深夜に堤防の越水があったことが推察されるが，越水の様子は佐用大橋に設置されていた河川監視

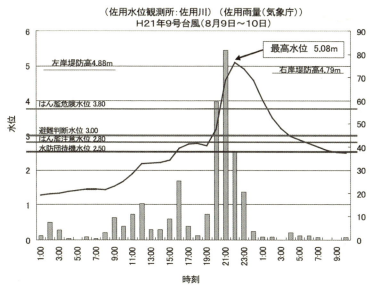

図7　佐用水位観測所の水位と佐用雨量観測所の雨量の時間変化
出典：兵庫県「第1回千種川委員会資料」（2009年）

第2章　兵庫県の水害　〜都賀川・千種川・丹波〜

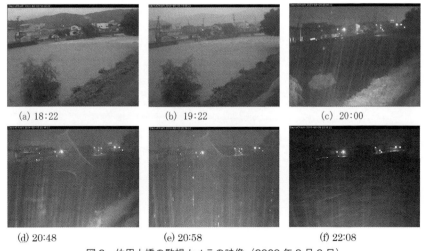

図8　佐用大橋の監視カメラの映像（2009年8月9日）
出典：兵庫県から提供された映像データを基に筆者構成

カメラによるタイムラプス録画により克明に記録されていた。その様子を図8に示す。

　夕方の18時過ぎには水位もまだ低く降水も少ない（遠方の山がよく見える）が，19時過ぎには雨が強くなり（遠方の山がかすんで見えている），20時には水位が急増して満水状態になり，20時48分にはちょうど越水中（堤防上が半分冠水）でその10分後には完全に越水した。この時刻は佐用町役場が浸水した時刻と一致している。さらに1時間経過した22時でも冠水状態は続いている。監視カメラの映像記録はここで途切れており，これ以降の状況は不明だがこの場所では堤防は完全な破堤は免れたものの裏のり（堤防の上から見て市街地側のり面）が破損するなどの被害が生じた。広い範囲で発生した浸水氾濫のうち，千種川と佐用川の合流点付近の氾濫状況を被災状況の写真とともに図9に示す。

　山間地の狭い平野部（谷底平野）が河道からの越水によりほぼ全面的に浸水し，特に二つの河川に挟まれた久崎地区では上流側の佐用川堤防で溢水が発生したことで堤防が大きく破損した。幸いこの地区では人的被害はなかったものの，河川沿いの家屋が破壊されるなどの大きな災害が発生した。

　人的被害については死者・行方不明者で20人のうち，避難中が11人，帰宅

3 千種川における豪雨災害（2009年8月9日）

中が6人，車中が2人，自宅が1人であり，屋外で何らかの行動を起こしている際に遭難している．特に，支川の幕山川においては，避難所である幕山保育所へ避難中の9人が小水路に流されるという痛ましい事故が発生し，明りのない深夜の避難行動の危険性が浮き彫りとなった。自宅にとどまっていたら被災しなかった可能性が高く，「垂直避難」という考え方が注目を浴びるようになったのもこのたびの災害からであった。

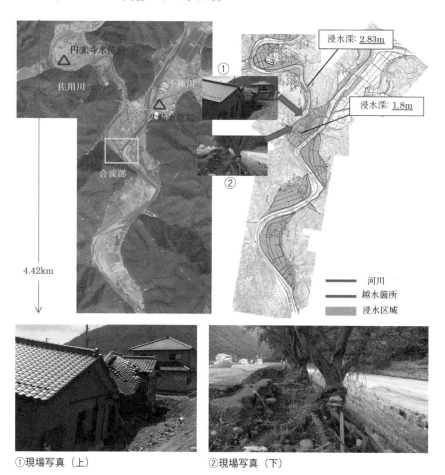

①現場写真（上）　　②現場写真（下）

図9　千種川・佐用川の合流点付近の氾濫状況
　　出典：兵庫県「第1回千種川委員会資料」（2009年）がまとめた浸水区域図を基に，藤田（2010）が作成，現場写真（上・下）＝高見氏により2009年8月12日に撮影されたもの

■ 災害からの復興

　台風第 9 号による豪雨災害は激甚災害として閣議決定され，国土交通省の災害査定を経て，県分災害は 442 件・約 206 億円，市町分は 397 件・約 31 億円の災害事業が採択され，大規模な復興事業が実行に移された。被災原因が河川の流下能力を超えた洪水の発生であったことから，原形復旧ではなく，堤防の嵩上げや河道拡幅など改良工事も行われた。堤防強化のためには堤防の内外を補強する巻堤という工法も取り入れられた。河川改修では，単なる改修ではなく，横断構造物による段差の解消や瀬・淵の再生など環境に配慮した工事が進められた。山腹の崩壊による大量の土砂や流木の流出を抑制するための砂防堰堤の設置なども進められた。また，想定を超えた洪水で発生する可能性のある床上浸水被害を解消するために，可動式耐水壁を用いた小スケールの輪中堤や町道を活用した二線堤なども設置された。このような復旧・復興は兵庫県では前例がないほど大規模なもので，河川改修の延長は約 55km にもなったが，被災後約 6 年半で事業は完成に至った。河道整備の成果の一例を挙げると，川幅が 49m から 74m に改修されていた佐用川の久崎地区では 2013 年 9 月豪雨の際に，従来よりも約 1.5m 低い水位で洪水を流すことができ，河川改修の効果が確認された。本災害の象徴的な場所で氾濫被害を受けた久崎地区には「復興ひろば」が整備され，地域住民への憩いの場が提供された。また，災害の記憶と教訓を後世に伝えるために復興記念モニュメントも設置された。

4　丹波における豪雨災害
（2014 年 8 月 16 日）

　本節は，藤田（2015），兵庫県丹波県民局（2016），兵庫県丹波県民局丹波土木事務所（2016）に基づく。

4 丹波における豪雨災害（2014年8月16日）

■ 降雨気象状況

　2014年8月に京都府福知山に隣接する兵庫県丹波市を中心として生じた豪雨災害は，同年8月15日から18日にかけて，西日本に停滞する前線に向かって南から暖かく湿った空気が流れ込み，前線の活動が活発になって大雨が降り続いたことが要因である。特に，8月16日から17日にかけて，最大24時間雨量が300mm以上の観測点は丹波市北部地域に集中し，丹波市を流れる由良川水系竹田川の市島町北岡本雨量観測所では，最大時間雨量91mm，最大24時間雨量414mmの記録的な局地的豪雨が発生した。その南にある市島町内の雨量観測所でも最大24時間雨量が339mmとなり従来の記録を更新した。図10に8月16日における24時間雨量分布を示すが，ピンポイント的に上記観測所付近で局所的な降雨が発生したことがわかる。

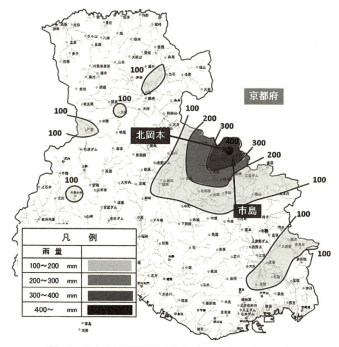

図10　最大24時間雨量の分布（2014年8月16日）
出典：兵庫県資料（2014年）を基に筆者作成

第2章　兵庫県の水害　〜都賀川・千種川・丹波〜

　河川の増水状況を見ると，竹田川の上田水位観測所の水位は8月16日16時ごろより上昇を始め，8月17日4時ごろに氾濫危険水位3.0mを超える3.07mを記録した。これは既往最高水位2.70m（2004年10月20日）を上回る水位であった。図11には最大時間雨量の分布を示すが，丹波市に加えて武庫川流域の兵庫県宝塚市武田尾においても降雨が集中していたことがわかる。武田尾では人的被害はなかったが，河川護岸が河川側に倒壊するという災害が発生した。

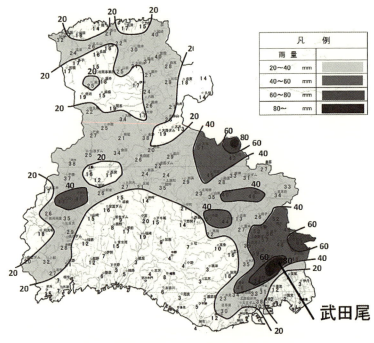

図11　最大時間雨量の分布（2014年8月16日）
出典：兵庫県資料（2014年）を基に筆者作成

■ 被害の状況

　丹波市における人的被害は死者1人，負傷者4人，住家の被害は，全半壊69戸，一部損壊，床上・床下浸水956戸という大規模なものであった。土砂崩れは丹波市市島町徳尾地区などで72カ所，河川災害は前山川（竹田川支川）など16

河川124カ所において護岸損傷及び浸食が発生し，徳尾川（前山川支川，鴨阪橋上流付近）では河道閉塞による河川流の越流氾濫が発生した．流出土砂量は50万 m³ と推定されている．公共土木施設の被害額は，県・市の合計で35.8億円，総被害額は94.9億円と見積もられ，国により激甚災害の指定を受けた．土砂災害の被害が最も大きかった前山川流域の被害状況を図12に示す．

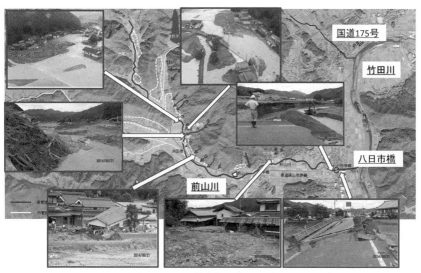

図12　前山川における被害状況（2014年8月16日）
出典：兵庫県資料（2014年）を基に筆者作成

　徳尾川は前山川に流入する支川だが，山腹からの大量の土砂流入による河道閉塞や鴨阪橋での大量の流木の堆積により，水位がセキ上がり河川流の越流氾濫が広範囲に発生した．前山川に沿った北側斜面も崩壊している場所が多く，多くの家屋が土砂の浸入を受けた．また，国道175号線（神戸市から福知山市への幹線道路）にかかる八日市橋は，前山川が大きく屈曲した水衝部の下流側にあり，従来，水衝部はハードな護岸ではなくかごマットなどのソフトな護岸で保護されていた．しかし，堤防満杯まで増水した流れが水衝部である右岸の側岸を大きく浸食した結果，橋脚周辺で局所洗掘が発生して落橋に至った（図12）．

　一方，武庫川沿いの武田尾地区では，時間雨量90mm，10分雨量23mmと

第2章　兵庫県の水害　〜都賀川・千種川・丹波〜

いう猛烈な集中豪雨が短時間の間に発生した（図11）。そのため，細長く狭い住宅域に山の斜面などから流れ込んだ水などが溜まり，堤防護岸に大きな水圧が作用した結果，河川側に約70mに渡って倒壊した（図13）。幸い人的な被害はなかったが，倒壊部分は家屋の一部にも及んでおり非常に危険な状態であった。

図13　武田尾（武庫川）における護岸倒壊状況（2014年8月20日，筆者撮影）

■ 災害からの復興事業

　この災害では土砂や流木による被害が多かったため，危険度の大きい箇所を対象として，2014年度から2016年度までの事業期間で68カ所（治山ダム31，山腹工37）の治山事業及び36カ所（砂防堰堤25,流木捕捉工2,急傾斜地対策9）の砂防事業が進められた。また，土砂災害の被害を大きくした要因には山の手入れ不足があったとの反省から，住家に接している山裾に対して，危険木伐採，広葉樹植栽，木柵などによる里山防災林の整備，さらに，間伐材を利用した土留め工を設置して土壌侵食を防止する緊急防災林の整備が進められた。一方で，災害前に完成していた砂防堰堤が有効に機能したことも確認された。例えば，2013年8月完成の西山第二堰堤（丹波市市島町）は透過型の砂防堰堤（高さ9.5m,長さ48m）で，約4,000m³の土砂を捕捉し下流への被害を大幅に軽減した。

5 まとめ

　兵庫県では過去から現在にかけて数多くの豪雨災害による被害を受けてきたが，本稿では 2008 年 7 月の都賀川，2009 年 8 月の千種川及び 2014 年 8 月に丹波市を中心に発生した災害の事例をいくつか紹介した。都賀川の水難事故はゲリラ豪雨の恐ろしさを映像で見せつけ，全国的にも強いインパクトを与えた結果，X バンド MP レーダーが全国に普及する契機となった。千種川の災害では，想定した計画を上まわる洪水が発生し河川が氾濫した際に，いかに避難すべきかという観点から垂直避難というキーワードが注目されるきっかけとなった。丹波市では土砂災害が多発したことから，県内全域での土砂対策事業がさらに促進される契機となった。いずれの災害も短時間に非常に強い降雨が発生したことが直接的な要因であり，この降雨傾向は温暖化の進行とともにますますエスカレートする危険性がある。このような災害を軽減するためには，降雨予測の精度をさらに高めるとともに，その情報を災害弱者を含めたすべての住民に時間の余裕をもって伝えることが重要である。住民は日頃から気象情報や河川の監視カメラの映像などに注意を向けるとともに，避難する場合の安全なルートの確認など，自分の身を守る行動を受け身ではなく自主的に行うことを心掛けるべきである。行政は，河川整備を加速度的に進めると同時に，夜間でも川の様子を観ることのできる河川カメラ（高感度カメラや遠赤外線カメラなど）の配置を充実し，「見える化」した川の流れ情報を住民に提供すべきである。このようなデータ提供の充実で，客観的に豪雨による危機を感じ取れるようになることが今後の減災につながるものと確信している。

【注】

1）本稿で用いたデータ及び図面の一部は，神戸市や兵庫県から提供されたものを使用している。

第 2 章　兵庫県の水害　～都賀川・千種川・丹波～

《参考文献》

- 気象庁 2017『気候変動監視レポート 2016』http://www.data.jma.go.jp/cpdinfo/monitor/2016/pdf/ccmr2016_all.pdf（閲覧日：2019 年 1 月 9 日）

- 國田洋平，藤田一郎 2010「非構造格子氾濫解析モデルを用いた都賀川水難事故時の流量配分と流量ハイドログラフの推定」（『水工学論文集』54 巻，931-936 頁）

- 西播磨県民局　光都土木事務所，龍野土木事務所 2012a『西播磨の公共土木施設災害記録 1 章被災編』

- 西播磨県民局　光都土木事務所，龍野土木事務所 2012b『西播磨の公共土木施設災害記録 2 章復旧復興編』

- 西播磨県民局　光都土木事務所，龍野土木事務所 2016『西播磨の公共土木施設災害記録 3 章完了編』

- 兵庫県丹波県民局 2016『平成 26 年 8 月　豪雨災害の記録』

- 兵庫県丹波県民局　丹波土木事務所 2016『平成 26 年 8 月　豪雨災害からの復旧・復興 公共土木施設の記録　第 1 章（発災から 1 年間の記録）』

- 藤田一郎 2009「都賀川水難事故調査について」（『平成 20 年度河川災害に関するシンポジウム』，1-7 頁）

- 藤田一郎 2010「平成 21 年台風 9 号による兵庫県佐用町河川災害について」（『平成 21 年度河川災害に関するシンポジウム』，1-16 頁）

- 藤田一郎 2015「兵庫県丹波市における河川災害調査報告」（『土木学会誌』100 巻 1 号，38-39 頁）

- 藤田一郎，伊藤崇博 2011「平成 21 年 8 月兵庫県佐用町河川災害における氾濫解析と避難行動判断基準に関する研究」（『河川技術論文集』17 巻，431-436 頁）

- 眞間修一，高田奈緒，井上薫ほか 2011「都賀川における水難事故防止対策の効果と今後の課題」（『河川技術論文集』17 巻，419-424 頁）

- Fujita I, Kunita Y, Tsubaki R,（2013）Image analysis and reconstruction of the 2008 Toga River Flash Flood in an urbanised area, *Australasian Journal of Water Resources* Vol.16 No.2 P.151-162

コラム 阪神大水害

沖村 孝（神戸大学名誉教授，一般財団法人建設工学研究所）

六甲山系の地質は花崗岩であるため，風化が激しく，地表では風化生成物であるマサ土と呼ばれる砂質の土砂で覆われている。その結果，梅雨期や台風期の降雨により多くの山くずれが出現してきた。加えて，石材や木材の採取や，山火事により植生が荒廃し，はげ山となった。図1（松下，2007）は1887（明治20）年当時のはげ山の分布である。植物学者の牧野富太郎博士は「六甲山の禿山を見てびっくりした。はじめは雪が積もっているのかと思った」（牧野，1970，27頁）と，六甲山を記述していた。

市制施行1889（明治22）年当時の神戸の人口は13万4千人に達し，公営水道の敷設が行われ，そのための貯水池として布引に五本松堰堤が1900（明

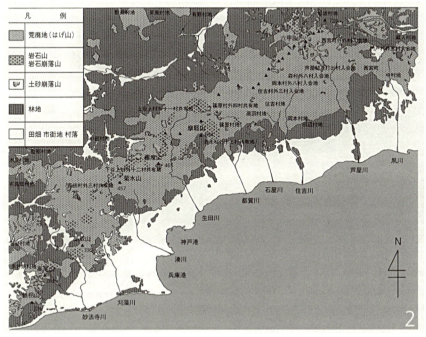

図1　1887（明治20）年当時のはげ山（松下，2007）

治33）年に完成した。しかし，貯水地上流でははげ山による土砂流出が激しく，貯水水量の確保が問題となった。1902（明治35）年に水源確保のため上流域の再度山で造林が実施され，また1903（明治36）年には砂防指定地として植栽が行われることになった。その後，表六甲山系に約600haの植林が実施された（神戸市，2003）。造林後約30年が経過し，緑が回復しつつあった1938（昭和13）年7月に六甲山頂を中心に総降雨量約660ミリの豪雨に見舞われ，表六甲では多数の崩壊が発生し，土砂が市街地に流出した「阪神大水害」と呼ばれる被災状況が出現した。この豪雨により死者・行方不明695人，洪水による家屋の損壊は2,255戸，土砂災害による家屋被害は8,853戸にも達した（六甲砂防，1974）。山麓では写真1に見られるように，1階は完全に土砂に埋まり，2階から出入りを余儀なくされた家屋もあった。

一方，土石流による市街地での被害は，山地からの流木に加えて，壊れた家屋の角材も多く流れ，写真2に見られるように市街地では流木の山が出現した。このときの様子は，谷崎潤一郎の「細雪」にも，「普通の洪水と違うのは，六甲の山奥から溢れ出した山津浪なので，真っ白な波頭を立てた怒濤が飛沫を上げながら後から後からと押し寄せて来つつあって，恰も全体が沸々と煮えくり返る湯のように見える」（谷崎，2011，56頁）と芦屋川の洪水の様子が詳しく描写されている。

写真2　灘区大石付近（六甲砂防事務所提供）

復旧のため，国は1938年9月に内務省（現：国土交通省）神戸土木出張所六甲砂防事務所を設けて，砂防堰堤の構築を開始し，1967（昭和42）年の7月豪雨までに174基の砂防堰堤が完成，現在（平成28年）までに544基が完成している。砂防堰堤の構築により，1967年の災害で市街地に流入した土砂は阪神大水害の502万m^{3}の約

写真1　中央区北野町付近（六甲砂防事務所提供）

半分の229万m^3までに減少（六甲砂防，1988）され，減災の達成に大きく寄与した。また，六甲山腹では治山分野においても，山腹工や谷止工により造林，保安林指定などが行われた。

　阪神大水害で，市街地に多くの被災状況が出現した理由は，土石流による土砂のみならず，市街地を流れる中・小河川が，土地の有効利用促進のため暗渠化されていたため，この暗渠の入り口が土砂や流木により閉塞し，溢れた洪水が市街地を流下したためでもあった。このため，当時の神戸市復興委員会では暗渠の廃止が提案され，新生田川，再度谷川，楠谷川，石井川，天王川などで，開渠化が進められたが，昭和42年災害では，復旧済以外の小河川からの土砂流入が大きかった。今後は，引き続き砂防堰堤や河川工事に

よる安全・安心の確保が望まれるとともに，危険情報に基づく避難行動により命の安全を確保するための仕組みづくりの推進を急ぐ必要がある。

《参考文献》

- 松下まり子 2007「六甲山の緑の変遷」（『月刊地図中心』2007年7月号，8-13頁，日本地図センター）
- 牧野富太郎 1970「東京への初旅」（『牧野富太郎選集1』，東京美術）
- 神戸市 2003『六甲山緑化100周年記念 六甲山の100年 そしてこれからの100年』
- 谷崎潤一郎 2011『細雪(中)』（新潮文庫）
- 六甲砂防工事事務所 1988「砂防事業の効果」（田中眞吾編著，阪神大水害50周年事業実行委員会監修『六甲山の地理－その自然と暮らし－』，神戸新聞出版センター）
- 六甲砂防工事事務所 1974『六甲三十年史』（近畿建設協会）

第 **3** 章

災害時のこころのケアと精神保健体制

曽良 一郎
神戸大学大学院医学研究科

災害時のこころのケアにおいては心理的・精神的支援という専門性をできるだけ主張せず，支援者が被災者の元に出向くアウトリーチが重要となる。災害と関係するこころの病としてASD（急性ストレス障害），PTSD（心的外傷後ストレス障害）が被災者のみならず救援者にも発症することに留意すべきである。大規模災害の発災時には早期からこころのケアを提供するDPAT（災害派遣精神医療チーム）が設立されたが，復旧・復興期のこころの健康問題にはさまざまな課題が残されている。被災時にこころのケアを効果的に提供するためには，平時から災害時に各種関係機関が連携できる精神保健体制を整備しておく取り組みが必要である。

キーワード

ストレス　アウトリーチ　ASD　PTSD　DPAT

第 3 章　災害時のこころのケアと精神保健体制

1　はじめに：災害時のこころとからだの変化

　大規模な自然災害の多くは予測できないできごとであり，近親者が亡くなる，住まいを失うことは過大なストレスを生じる。災害後には将来の生活に不安を感じ，特に障がい者などの災害弱者は環境の変化に脆弱である。さらに，被災前のこころや体の病気が災害による治療の中断によって悪化し，また新たに発生することもある。

　こころの変化としてよく出現するのは，気持ちの落ち込み，意欲の低下，苛立ちやすさ，集中力の低下，からだの変化としては不眠，食欲不振，行動の変化として引きこもりなどの現実逃避がある。これらは短期間に回復することも多いが，長期的なストレスが持続すると慢性化することがある。変化の程度，持続期間によっては，うつ病，パニック発作，心的外傷後ストレス障害（Post-Traumatic Stress Disorder：以下，PTSD）などのこころの病気になることもある。また，こころの病気に伴って，自殺，飲酒の増加，家庭内や地域社会での不和などが生じることが報告されている。

　また，大規模災害時には行政・医療機関なども被災するため，平時の保健・医療のシステムが機能不全に陥る。被災者や支援者も関心の多くは現実の生活を立て直すことであり，目に見えないストレスやこころの病気に気づかないことがある。災害時にこころのケアを行う際には，被災者がストレスを受けている状況やこころの病気を考慮し，災害後のこころの動きに従って対応する必要がある。

2　回復へのこころの動き

　災害時のこころの動きは，被災後の時間とともに変化し，一般的には回復へと向かっていく。こころの動きの変化はさまざまだが，次のような時間経過によるパターンが知られている（図 1）。（仙台市，2016）

50

2 回復へのこころの動き

表1　災害時のこころとからだの変化

こころの変化について	そわそわして落ち着かない 気分が高揚する イライラする，怒りっぽくなる 悲しさや寂しさ，孤独感が強くなる 集中力がなくなる 仕事や家事に取りかかる気になれない 物事を全て悪いほうに考えてしまう ささいなことに敏感になる（音，揺れ，他人の言動など） 自分が無力だと感じる これから先のことに対して絶望感しかなくなる
からだの変化について	眠れない，ぐっすり眠った感じがしない 食欲や体重が変化する 疲れやすい，疲れがとれずいつもだるい 頭痛や肩こり，めまいが起きる 胸が苦しくなったり，時に動悸のような症状が起きる 下痢や便秘が続く 悪い夢，変な夢ばかり見るようになる 持病（高血圧，アレルギーなど）が悪化する
行動の変化について	表情が乏しくなる 涙もろくなる ボーっとする 飲酒量が増える，また昼間から飲酒するようになる 言葉数が減る 人に会うのが面倒になったり，ひきこもりがちになる ギャンブルにのめりこむ 音や揺れなどに過敏に反応する 落ち着きがなく，じっとしていられない

出典：仙台市「仙台市災害時地域精神保健福祉ガイドライン」(2016) を基に筆者作成

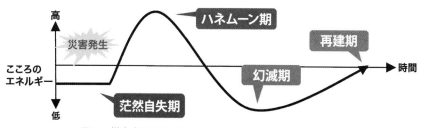

図1　災害直後から回復へのこころの動き
出典：金（2006）を基に仙台市「仙台市災害時地域精神保健福祉ガイドライン」(2016) によって一部改変

茫然自失期（災害直後）

　被災時の強いストレスにより何も感じない，感情表現がなくなる，ストレスにより行動をコントロールできなくなり危険をかえりみない行動に出ることもある。

第3章　災害時のこころのケアと精神保健体制

ハネムーン期（災害後おおむね1週〜6カ月）

被災に積極的に立ち向かい，被災者同士が助け合う行為が見られ，被災後の生活に適応したように見える。

幻滅期（災害後おおむね2，3カ月〜1，2年）

被災後のストレスが限界に達し，無力感・倦怠感に苛まれる。自身の問題の解決に追われるため，被災者同士の連帯感は薄れる。こころとからだの不調（睡眠障害，うつ状態，アルコール問題など）が出現しやすくなる。

再建期（その後数年間）

生活の再建が進み，日常生活が戻り始める。しかし，再建が困難な場合や家族や親しい方を失った人はストレスにより精神的に不安定になる。

3　災害時のこころのケア

災害時に心理的問題を抱える可能性のある被災者に対して，早期に適切な心理的ケアを提供することが重要であるとの認識が認められるようになった。特に社会に衝撃を与えるような大規模災害後には，早期から何らかの精神保健活動（こころのケア）が必要とされる。この活動の初動期の公的な組織としての担い手として，東日本大震災後に災害派遣精神医療チーム（Disaster Psychiatric Assistance Team：以下，DPAT）が設立された。こころのケアの難しい点は，被災者が困っていることを他者と共有したがらず，自らサポートを進んで受けようとしないということである。そこで，被災者にこころのケアを提供するためには，まずは支援者が被災者の元に出向くことであり，これはアウトリーチ（outreach）と呼ばれている。災害後しばらくは避難所や仮設住宅などを訪問する支援の必要があり，アウトリーチの活動なしには被災者に関わる機会は限られる。また，こころのケアの支援の際には，可能な限り精神的な支援という看板を掲げないことも重要である。精神的な支援と被災者に受

け取られると，被災者にとっては精神科医や臨床心理士に関わってもらうのは大きなハードルとなる。従って，一般の医療支援や地域保健活動の中に「こころのケア」を組み入れ，精神科医や臨床心理士が身体疾患のチームと連携することなどが必要になる。(厚生労働省，2018)

■ 災害初期のこころのケアで留意すべきこと

一般的救援活動の最中においても，被災者のこころの健康面の状況に目をくばり，支援が必要な人を把握し援助することが必要である。災害初期の被災者の心理としては，こころの健康問題についてなかなか言い出しづらいことから「こころ」を前面に出すことなく，例えば体調を気遣う会話から次第にこころの健康問題にアプローチしていくような工夫が必要となる。

被災初期のこころのケアは「心理学的」というよりは，より生活に即した支援を実施する。こころの健康問題のみにこだわらず，その人に「いま，ここで，何が必要とされているか」を考え，一般的援助として行動することが大切である。災害時初期の緊急場面では面接相談やカウンセリングはあまり求められていないと考えた方が良い。

災害時救援活動初期における最優先事項は「安全」「安心」「安眠」の確保であり，こころのケア活動よりも優先される事項である。例えば，空腹が満たされ，身体を横にできる環境が提供されるなど，「当面その人が必要としている支援」が得られて，ほっとできる体験ができれば，それだけでこころのケアになりうる。そして「助けてくれる人」や「支えてくれる人」の存在を知るだけでも，被災者の多くはストレスに耐える力を得ることができる。(金，2003)

■ こころのケアの相談に関する窓口を設ける際の留意点

こころの健康問題や精神科受診に関する考え方は，人によって大きく差がある。そのため，「こころの相談」に来ることをためらう人は多いのが実状である。それに加え「非常時で大変なのだから自分だけが弱音を言ってはいけない」という心理が働く。避難所に「こころの相談窓口」のような直接的な表現による

第3章　災害時のこころのケアと精神保健体制

看板を掲げても，相談につながりにくい恐れがある。従って，避難所において精神科医療救護班を設ける場合，看板の掲げ方に留意する必要がある。「こころの相談」などの直接的な表現ではなく，「ストレス相談窓口」などの表現の仕方が一例として考えられる。

災害初期において，こころの健康問題について自分から積極的に相談をしてくる方は，支援者側の想像以上に少ない。「自分だけが苦しいのではない」とか「こんな大変な時期に弱音を言っていられない」「自分よりも大変な人はたくさんいる」などと自分の精神的苦しみを言い出せない人，精神疾患についての社会の偏見を恐れ相談をためらう人もいる。従って，「待ちの姿勢」では，支援が必要な方を発見しフォローすることはできない。支援者の側が被災者の元へ積極的に訪問し，支援が必要な人の発見とフォローを行うアウトリーチ活動が重要となる。こころの健康問題の早期発見が，後のストレス障害の予防につながることになり，早期発見の点からもアウトリーチによる活動が重要である。

■ 災害時のこころのケアの対象

大規模災害が生じてもすべての被災者，すべての救援者に心理的ケアが必要になるわけではない。まず心理的なケアの対象となる人々は，被災者と救援者に二分できる。被災者の中でもさらに，発災前はとくに精神的な問題を抱えていなかった一般住民ともともと精神障害を抱える人にわかれる。（高橋, 高橋編, 2015）

(1) 被災者

発災前から健康で十分な社会適応をしていた人々は，たとえ大規模災害を経験したとしても，その多くは回復力であるレジリエンス（resilience）を示す。このような被災者に対してこころのケアを提供しようとすると，かえって抵抗を受けることになりかねない。家族の安否を確認できるような態勢を取るとともに，安全な場所を確保し，十分な食事を提供し，早い段階で日常生活を再開できるようにするための援助が最優先とされる。健康に暮らしていた人が大規模災害を経験したことにより急性ストレス障害（Acute Stress Disorder：以下，

ASD），PTSD，うつ病，アルコールや薬物の乱用，不安障害，さまざまな身体的訴えなどを呈するようになることもある。しかし，このような精神疾患が大規模災害によって必ずしも多発するわけではない。むしろ，いわゆる「災害弱者」と称される小児，妊産婦，高齢者，傷病者・障がい者など，特別なケアが必要とされる人々に十分に配慮すべきである。

　重症の精神疾患の患者の多くは入院などの専門的治療が必要とされるため，治療設備や環境が整わない避難所では十分な治療を受けられない。被災後早期に近隣の治療設備や環境が整った精神科医療機関への患者移送を実施する必要がある。被災前は馴染んでいた環境下では十分に適応していた患者も，被災後は多くの人々とともに共同生活を強いられる避難所のような環境では精神症状が悪化することも少なくない。被災前は長期間，大量の飲酒を続けてアルコール依存になっていると，被災後にアルコールが入手できないと離脱症状を呈する可能性がある。

(2) 救援者

　これまで我が国の大規模災害では，消防官，警察官，自衛官，医療従事者，行政職員といった専門の救援者のこころの健康について，残念ながら十分に注目されていなかった。しかし，被災地域の専門の救援者自らも被災していることも多く，一般の被災者と同等あるいはそれ以上のストレスに晒されている。

　被災後1～2カ月から最も重要となるのが，このような被災地の救援者や長期的支援のために入職した支援者に対するサポートである。特に被災地の救援者については，自身や家族が被災していても，使命と熱意をもって働き続けることが多い。生活環境，職場環境，人間関係などが大きく変化する中で，刻一刻と変わる被災地のニーズに柔軟に対応して，働き続けることは相当のストレスとなる。外部の支援者がそのサポートを行うことには限界があるが，その大変さを共有できる機会をもつことが被災地の救援者の大きな支えとなる。

　大規模災害においてうつ病，PTSD，アルコール・薬物乱用などにかかる率は，一般の被災者よりも救援者が高いという報告もある。従って，専門の救援者に対してはこころの健康に十分な配慮が必要と考えられる。特に被災地域の救援者に対しては，自らも被災していることから注意を要する。

第3章 災害時のこころのケアと精神保健体制

4 災害と関係するこころの病

　災害と関係するこころの病としては，うつ病やアルコール依存症など，すべての精神疾患が関連すると言っても過言ではない。その中で本稿では ASD，PTSD について述べる。(加藤，2008)

　ASD とは自然災害などの心的外傷を受けた直後から1カ月以内に見られる一過性の過剰なストレス反応である。不安，恐怖，抑うつ，過度の悲嘆，さまざまな身体的不調，過活動など，多彩な症状が生じるが，重度の場合は PTSD の3症状に加えて解離症状と呼ばれる健忘や現実感の喪失などが見られる。ASD は自然回復の可能性が高いといわれるが，PTSD の発症を十分に予測するという報告もある。

　PTSD とは自然災害や犯罪被害など，生命をおびやかされるような事態に直面した後，1カ月以上にわたって精神的な苦痛が持続する状態のことを示す。ASD と PTSD は，症状自体はかなり重複するが，その発症時期によって区別する。

PTSD の主要3症状
○再体験：その体験を思い出し，怖い思いをすること。その体験を思い出させ
　　　　　るようなものを避けたくなること。
○回避・麻痺：体験を思い出すような状況や場面を，意識的あるいは無意識的
　　　　　　　に避け続けること，及び，感情や感覚などの動きが鈍くなること。
○過覚醒：物音や周囲の言動などに過敏でイライラしやすくなること。

　これらの症状で強い苦痛を感じたり，生活に支障が出ているような状態のことを PTSD と称する。この PTSD は，災害や事故・犯罪被害などの生命に危険が及ぶような体験をした本人だけではなく，身近な人の生命に危険が及ぶ状況に直面・目撃した被災者や，災害や事故の救援活動に携わった支援者がなる場合もある。いずれにせよ，被災者・支援者のすべての方が ASD，PTSD を発症

するわけではない。それと同時に，ASD，PTSDと診断されていなくても，持続的に不眠や不安感などを抱えながら生活している被災者・支援者も存在する。

5 大規模災害時の精神医療への緊急支援の課題

　大規模災害時の震災直後から1カ月ごろまでは，被災地の交通手段・医療機関が機能せず，医療チームのアウトリーチによる避難所巡回や自宅往診が主たる活動となる。医療チームの巡回は医療の提供のみならず避難所の環境や支援のニーズの把握も含められ，震災医療におけるアウトリーチは安定した生活環境の確保にも寄与する。精神科的には，もともと精神疾患に罹患していた被災者への治療薬の処方，避難所など環境因に由来する不眠に対する対応，急性ストレス反応に対する対応が重要と考えられる。

　精神障害を抱える被災者が入院治療を受けている際には，緊急に支援の必要性がある。これまでも東日本大震災のような大規模災害時には致命的な被害を受けた精神科医療機関が孤立した。機能停止した精神科病院への交通路が遮断されると，患者搬送をはじめ，人員・物資などの支援に困難が生じた。さらに，通信手段が障害されると精神科医療機関，避難所などにおける精神保健医療に関するニーズを把握することが難しく，効率的な支援活動の組み立てに困難が生じた。（曽良，2012a；同，2012b）

　さらに，東日本大震災の多くの被災地域では精神医療の緊急支援の指揮命令系統が定まっておらず，こころのケアチームを効率的にコーディネートすることが難しい状況であった。特に東日本大震災では広範な地域が被災したため，十分な情報収集が困難であり，被災地全体でのこころのケアチームの活動状況を把握することが難しい状況であった。また，各自治体の災害対策本部，災害派遣医療チーム（Disaster Medical Assistance Team：以下，DMAT）などの災害医療本部などとの連携が効果的に実施されず，他機関からは連携をする場合の窓口がわからなかったといった課題が明らかとなった。

　東日本大震災では，平時の行政機関と医療機関に連携不足があり，災害時に

第 3 章　災害時のこころのケアと精神保健体制

は意思疎通ができなくなり，要請を受けてからチームの編成を行ったために，人員・資機材の確保などに時間を要した問題や，災害時の精神保健医療に関する継続的な研修体制がなく，専門性をもったチームの質の担保が難しい状況が見られた。(曽良，2015)

このように東日本大震災の際にはこころのケアチームの活動内容や実績に大きな差が出たり，必ずしも現地のニーズに対応できていなかったりと，一部に非効率的な実態があることが明らかになった。これを受け，厚生労働省は2013（平成 25）年 4 月に DPAT を設立した。DPAT が整備され，熊本地震では公的な組織としての枠組みや統一した活動マニュアルを策定できたことで活動方法が明確になり，DMAT や日本医師会災害医療チーム（Japan Medical Association Team：JMAT），日本赤十字社などのほかの医療機関，自衛隊，消防，警察などの他省庁との連携が効率的に行われ，被災者，救援者への適切な支援が実施できた。(厚生労働省，2018)

DPAT の設立により，従来のこころのケアチームの課題である指揮命令系統の確立及びニーズの把握のため，災害対策本部に DPAT の本部及び統括を配置すると明記され，大規模災害の初動期における精神医療への緊急支援が改善されたことは喜ばしい。

6　復旧・復興期（概ね 3 カ月以降）のこころのケア

概ね 3 カ月以降の復旧・復興期になると被災地の復旧も始まり，避難所が縮小し仮設住宅へ移る人も多く，生活環境は落ち着き始めるが，さまざまなストレスから心身に不調をきたす場合がある。そのため，精神的に不調，または，その恐れがあるために支援が必要な被災者に対する関わりは，通常の精神保健福祉活動と並行して継続的に行っていくこととなる。災害後のこころの変化は，健康状態，生活環境，経済状況など，さまざまな生活のストレスから生じるもので，こころの問題のみを取り扱うことよりも，一般的な健康問題，生活再建問題などを含めた幅の広い支援をこころのケアの視点を持ちながら行うことが

求められる。

　生活のストレスとして，仮設住宅・借り上げ民間賃貸住宅（みなし仮設住宅）など新たなコミュニティへの不適応や孤立感，災害の影響による失職，転職及びそれに伴う収入減，災害の影響による家族構成の変化，それに伴う生活環境の制限（家族間の物理的距離が近くなる），被災により新たに発生したケガ，病気によるストレスや災害前からあった病気の再発や慢性化，生活再建の速度の違いによる取り残され感などが出現する。PTSDや抑うつ状態，長期化・複雑化した悲嘆，アルコール関連問題などの発症が疑われる被災者を把握し，早期に専門機関と連携した支援も必要となる。また，災害前や災害直後は症状が落ち着いていたのに，被災を機に状態が悪化する患者への支援も必要になる。

　徐々に平常の生活に戻ってくる時期での回復については個人差が大きいといわれている。被災者が孤立感を抱きやすくなるため，孤立感を抱かせないようなサポートを実施していく必要がある。生活環境が大幅に変わったことによる生活上のストレス（地域コミュニティの変化・ソーシャルサポートの変化・不自由な生活の継続・雇用などの経済問題）が顕在化してくる時期であることを念頭に置き，心配なときは相談できることを被災者に伝え続けることが大切である。

7　復旧・復興期（概ね1年以降）のこころのケア

　概ね1年以降の復旧・復興期は，精神疾患へのハイリスク者への継続的支援を行うことが重要となる。住宅の再建，災害公営住宅への転居など恒久的な生活の場に移ることにより，生活が安定し，安心・安全を取り戻していくため，災害そのもののストレス障害への支援が必要な被災者は減少していくことが予想される。また，外部からの支援は，徐々に縮小あるいは終了し，最終的には被災地のスタッフへ支援が引き継がれる。そのため，災害後のこころのケア関連業務は，地域の状況に沿って通常の精神保健福祉活動の中に移行してゆくが，被災者の中には，問題が複雑化・遷延化し，より専門的な支援が必要にな

る。この時期に新たに症状が出たり，悪化する被災者もおり，ストレス反応が遅発性・動揺性・反復性に生じることへの留意が必要である。

災害公営住宅へ移行した場合などは，地域でのコミュニティを新たに築いていく作業が必要になるが，地域でのコミュニティが築かれる前は，近所での外出先が少なかったり，近所の人との交流がなく，自宅にこもりがちになる。孤立予防はこころのケアにおいても重要になり，これまでの災害後のこころのケアの取り組みの中で育まれた地域の人材やネットワークを活用し，被災者全体のメンタルヘルスの向上をはかる事業を展開していく必要がある。

8 まとめ

地震・津波などによる災害が発生した場合，被災地域の精神保健医療機能が一時的に低下し，被災初期から中長期にわたりさまざまな「こころのケア」が求められ，精神保健医療への需要が拡大する。特に大規模災害の際には，被災地域の精神保健医療ニーズへの把握，ほかの保健医療体制との連携，各種関係機関などとのマネジメント，専門性の高い精神科医療の提供と精神保健活動支援が必要である。現実に災害が生じた際に適切に対応し，災害がもたらした影響を可能な限り小さなものとし，そこからのこころの健康の回復にはさまざまな課題が残されている。

災害時の精神医療は被災初期の救命救急と対比され，遷延するストレスよりこころの健康問題が課題となることから主に中長期的な対応が注目されてきた。しかし，特に社会に衝撃を与えるような大規模災害の後には，早期から何らかの精神保健活動（こころのケア）を提供することが重要であるとの認識が認められるようになった。DPAT の設立により早期の「こころのケア」に対応可能となったが，中長期的なこころの健康問題にはさまざまな課題が検討される必要がある。来るべき大規模災害に備えるとともに，被災時に「こころのケア」を効果的に提供するためには，平時から災害時の精神保健体制を整備しておく取り組みが必要である。

8 まとめ

《参考文献》

- 加藤寛 2008「心的外傷とこころのケア－阪神・淡路大震災後 10 年の発展－」(『日本リハビリテーション医学』45 巻 2 号，79-84 頁)
- 金吉晴 2003『平成 13 年度厚生科学研究費補助金(厚生科学特別研究事業)災害時地域精神保健医療活動ガイドライン』https://www.ncnp.go.jp/nimh/pdf/saigai_guideline.pdf(閲覧日：2018 年 6 月 23 日)
- 金吉晴編 2006『心的トラウマの理解とケア 第 2 版』(じほう)
- 厚生労働省 2018『災害派遣精神医療チーム(DPAT)活動要領』https://www.dpat.jp/images/dpat_documents/2.pdf(閲覧日：2018 年 5 月 22 日)
- 仙台市 2016『仙台市災害時地域精神保健福祉ガイドライン』http://www.city.sendai.jp/seshin-kanri/kurashi/kenkotofukushi/kenkoiryo/sodan/seshinhoken/heartport/mental/guidelines.html(閲覧日：2018 年 5 月 22 日)
- 曽良一郎 2011「精神科治療薬の被災地への提供」(『艮陵新聞』平成 22 年度第 3・4 号，第 272・273 合併号 3・11 震災特集号)
- 曽良一郎 2012a「被災地への精神科治療薬供給の支援活動」(東北大学大学院医学系研究科・医学部『東日本大震災記録集』，185-186 頁)
- 曽良一郎 2012b「精神科治療薬の被災地への提供」(東北大学大学院医学系研究科・医学部『東日本大震災記録集』，296 頁)
- 曽良一郎 2015「東日本大震災の教訓を発信する」(『神戸新聞』2015 年 2 月 8 日付朝刊 3 面 13 版)
- 高橋晶・高橋祥友編 2015『災害精神医学入門－災害に学び，明日に備える』(金剛出版)
- 福土審，本郷道夫，曽良一郎，松岡洋夫 2012「震災時のストレスへの対応について」(東北大学大学院医学系研究科・医学部『東日本大震災記録集』，234-235 頁)
- 山田清文，曽良一郎，池田和隆 2011「JSNP 東日本大震災対策 WG 宮城県仙台市－石巻市視察報告書」(『日本神経精神薬理学雑誌』31 巻 3 号，141-145 頁)

コラム 災害と感染症

岩田 健太郎（神戸大学都市安全研究センター）

災害時には避難が必要になり，「避難所生活」というものが発生する。例えば，2016（平成28）年の熊本地震においても多くの方が避難所生活を余儀なくされた。

私も益城町の避難所を訪問し，特に感染対策に関してお手伝いをした。

2011（平成23）年の東日本大震災の経験を受けて，避難所における感染対策についてはある程度方法論が確立している。津波肺や破傷風，ガス壊疽といった感染症が地震，津波災害との関連でよく知られているが，実際にはこうした稀な感染症に遭遇することはほとんどない。むしろ重点を置くべきはインフルエンザや下痢症といった，日常的によくみる感染症の避難所内でのアウトブレイクである。こうした日常的な感染症は，通常環境下であれば即座に治療したのちの回復が期待できるが，被災地では清潔な水へのアクセスが困難だったり，被災者たちの疲労や免疫状態の低下，後方医療機関への搬送困難などの諸事情から問題が深刻化する可能性がある。

感染症は病原体の伝播経路が決まっており，つまりはこの経路の遮断こそが感染流行対策の骨子となる。アルコール性消毒剤を使用しての手指消毒の励行や環境整備，トイレの清掃，食品管理といった具体的な対策法である。これは東日本大震災の教訓を受けて，現在は東北大学のウェブサイト上に公開されている（災害時感染症対策ホットライン）。熊本地震のときも東北大学や被災地の熊本大学をはじめ，多くの専門家が集結して感染対策に尽力していた。

熊本地震の避難所において，ほとんどの項目において効果的な感染対策がなされていたが，私たちが視察していてひとつだけクリアできなかった項目がある。

それは「人と人との間隔＝空間の確保」であった。

避難所に多くの人が殺到し，またなかなか退去が進まなかったためである。また，感染患者が発生した場合の隔離スペースの確保も難しい問題であった。

インフルエンザなど多くの飛沫感染を起こす感染症は，人と人との距離が

短すぎることによって伝播する。多くの避難所では，人々がびっちりと隙間のない状態で就寝を強いられていた。そうしたなか，隣り合って横になっていた高齢者の間でインフルエンザが複数発生したことがあった。明らかにスペース不足が原因となって生じたアウトブレイクである。

とはいえ，高齢者を避難所から無理やり引き離すのは，かえって彼らの健康に有害であるという主張もある（apital コラム，2016）。一理あるとは思うが，密集した避難所をそのまま放置したままでは感染症や静脈血栓といったリスクはヘッジできない。むしろ若い世代を優先的に避難所から退去を促すなど，さまざまな方法はあったと私は思う。通勤や家の片付けなどからなかなか避難所から離れられない事情も勘案し，新幹線のチケットを提供して県外への一時退去を促してもよかったであろう。また，仮設住宅の建設のスピードアップ（事前計画）も今後の災害対策において必要だ。

水痘が発生した避難所もあった。水痘（いわゆる水ぼうそう）は空気感染するウイルス感染である。空気感染とは長い距離をウイルスの入った飛沫核が浮遊し，感染が広がっていく。インフルエンザウイルスの飛沫はせいぜい数メートルの飛距離しかないことがほとんどだが，水痘ウイルスの場合の飛距離は非常にながく，インフルエンザのように「距離を保つ」だけではアウトブレイクは防止できない。

よって，水痘では個室での隔離が必要となるが，避難所で個室を確保するのは極めて困難だ。熊本地震の時は自衛隊などの助けでテントを利用したこともあったが，夏の暑い時期にはこれもまた困難な選択だ。

水痘ワクチンは最近，予防接種法における定期接種に追加された。しかし，日本の予防接種制度は煩瑣であり，また同時接種（複数のワクチンを同時に接種すること）が普及してないこともあって水痘の免疫を持たない者は多い。また，水痘に対する抗ウイルス薬の効果は限定的である。

よって，災害時の予防接種をアウトブレイクと個人防御のためにシステム化すべきだ。そのためにも，日本の硬直的な予防接種制度を改め，適応年齢以降も定期接種としてワクチンを接種できる「キャッチアップ」を認める必要がある。世界では常識となっているキャッチアップのシステムが日本にはない。

避難所では高齢者の肺炎も深刻な問題だ。肺炎の最大の原因菌は肺炎球菌

であるが，小児用，成人用それぞれに予防接種が存在する。しかし，成人対象の肺炎球菌ワクチン接種には厳しい年齢制限があり，年齢で5年おきにしか接種ができない。肺炎のリスクがある患者でも無意味に何年も待たないとワクチン接種を受けられない。早急な制度改善を望みたい。

被災地での曝露後予防としての予防接種は効果的であるが，なぜか被災地でのワクチン接種というと日本の医療関係者は消極的である。「なにか副作用が起きたらどうするんだ」という懸念がその背後にあるようだが，副作用のリスクは薬についても同じことだ。ワクチンに対する偏見を廃して，被災地での健康に寄与するか否か，データとエビデンスと適切なロジックを根拠に，理にかなった医療を提供すべきだ。

ワクチンについては極めて消極的なのに，薬の処方については過度に無神経なのは不思議なことだ。熊本地震でもあきらかにウイルス感染である患者にクラリスロマイシンが処方されていた事例を発見した（その患者は後にインフルエンザと診断された）。マクロライド系抗菌薬であるクラリスロマイシンは心電図異常（QT延長）と突然死のリスクが指摘されている。「被災地のために何かしたい」「何かあった時の

ため，念のため」という気持ちはわかるが，「何かあった時は」というのは薬の副作用に対しても同様に発揮されねばならない懸念だ。被災地であることは，不要な抗菌薬処方を正当化しない。

我々は東日本大震災時のカルテレビューを行った。その結果，石巻市で提供された医療で抗菌薬が処方された事例において，「不適切な」処方と判断されたものは86.3%もあった（Iwataほか，2017）。被災地における感染症診療，抗菌薬使用の適切なガイドラインの作成は急務である。

災害対策において大事なのは現場での対応だけでなく，データの収集と分析，そして改善策の提示である。東日本大震災における抗菌薬使用が多くの場合不適切だったと我々が指摘したとき，「そのような発表をするのは全国から集って被災地のために尽くしてくれた医師たちに失礼だ」という批判を受けたことがある。しかし，改善点や反省点を直視せず，それを将来の災害にそのまま持ち越すのは，被災地の住民に対してそれこそ失礼だ。我々が配慮すべきは住民，被災者，患者の健康であり，医師のメンツやプライドではない。

感染対策業務が過度にならないことも重要である。熊本地震ではボラン

ティアの方のトイレ掃除が必要以上に頻回に行われていたり，履物の消毒が不要なまでに行われていたり，保健師のサーベイランス項目が多すぎてデータ収集や分析に時間をとられすぎるなど，関係者の「がんばりすぎ」も散見された。

それでなくても災害時はみんな頑張りすぎてしまう。そのがんばりが徒労に終わらないよう，プラグマティックで，アウトカムに悪影響しないかぎりはできるだけ（よい意味で）「手抜きをする」のも大切だ。

現場にいない指揮官が現場に過剰な情報要求をしないのも大切である。そ

れはとても現場を疲労させるからだ。

《参考文献》
- 災害時感染症対策ホットライン
  http://www.tohoku-icnet.ac/shinsai/hotline.html（閲覧日：2019年1月9日）
- apitalコラム2016「《熊本地震の現場から》高齢者を被災地から引き離すべきか」
  http://www.asahi.com/apital/（閲覧日：2018年3月13日）
- Iwata K, Fukuchi T, Hirai M, et al.,(2017) Prevalence of inappropriate antibiotic prescriptions after the great east Japan earthquake, 2011, Medicine (Baltimore) Vol.96 No.15 e6625

第3章　災害時のこころのケアと精神保健体制

コラム　南海トラフ巨大地震を想定したこれからの災害医療

西山 隆（前 神戸大学医学部附属病院，現 自衛隊中央病院）

近年，我が国は医療ニーズや課題が異なる災害に直面するたびに，問題点の抽出と検証作業を行い対策・改善を積み重ね災害医療体制を進化させてきた。

与えられた教訓をその後の災害医療に生かし被害を最小限にとどめながら，次の世代に確実に引き継いでいくことは我々の責務である。

■我が国の災害医療

1995（平成7）年1月17日の阪神・淡路大震災では，平時の救急医療レベルの医療が提供されていれば救命できたと考えられる"防ぎ得た災害死"が500人程度存在した可能性が指摘された。この災害を教訓にして，①災害医療を担う病院施設として「災害拠点病院」の整備，②急性期の現場における医療活動のため「災害時医療派遣チーム（Disaster Medical Assistance Team：以下，DMAT）」の養成，③災害時の医療情報の伝達手段として「広域災害・救急医療情報システム（Emergency Medical Information System：以下，EMIS）」の配備，④重

症患者の広域医療搬送計画の立案，により今日の我が国の災害医療体制の基盤が構築された。2011（平成23）年の東日本大震災では急性期の重症外傷に対する医療ニーズより亜急性期の内科的ニーズが高く，また原子力発電所の事故を伴った複合災害としてそれまでとは異なる医療活動が要求された。2016（平成28）年の熊本地震では，DMATと医療救護班が共存する時期の指揮命令系統に関する課題が浮き彫りとなった。

■これからの災害医療

2017（平成29）年9月に中央防災会議調査部会は，今までの「警戒宣言」の前提となっているような地震予知はできないとした。一方，南海トラフ巨大地震の発生エリアは我が国の人口の約60％，工業出荷額の約70％が集中する太平洋ベルト地帯に重なり，被害を少しでも軽減するため起こり得る事態を想定し観測されるさまざまな異常現象に応じた対応を平時において社会全体で議論していくことが重要である。

災害拠点病院の機能強化や整備・連

携，広域医療搬送・病院避難体制の充実，避難所での医療ニーズ対応といった課題については地域の枠を超えた話し合いが必要と思われる。災害急性期の重症外傷への対応を主な目的として発足した DMAT は，急性期から亜急性期，慢性期へと各医療機関・団体へのシームレスな後方連携を目的に"医療救護班に引き継ぐまでの間に生じるすべての医療ニーズ"に応えるための，状況に応じた2次隊，3次隊の追加派遣を視野にした活動に備えることも検討されている。また災害現場の最前線で"防ぎ得た災害死"をいかに少なくするかを主眼に行われるふるい分けの概念で行なうトリアージは START 式が取られているが、世界的には新たな方法が開発されており今後は実情にあった現場への応用を再検討していく必要があるかもしれない。東日本大震災では EMIS における情報共有機能の有効性が証明されたが，EMIS への加入が不十分で医療機関の被災状況の収集については多くの課題が残された。そのため通信機能の確保と情報入力の促進を目的に，現在は避難所や救護所なども含めた被災状況の把握を可能にした訓練を行い，医療資源を"適材適所"に分配するという戦略に発展している。広域医療搬送計画に関

し，今後はすべての都道府県で広域搬送拠点臨時医療施設（Staging Care Unit：以下，SCU）の指定と航空搬送計画の策定が促されただけではなく，広域医療搬送適応外の傷病者を SCU から受け入れる地域の協力医療機関を定め，より多様な対応が可能な体制を実現しようとしている。

さらに近年，日本の地震被害調査では現場に救急医療が介入して救命できる可能性は死傷者全体からみればわずかであることも指摘されており，外傷死亡者の多数を占める即死をターゲットにそれを防止する努力として建築学や土木工学を踏まえ，他機関との連携も重要となると考えられる。

■最後に

古来，殷の宰相傳説の言葉として「書経」に「これ事を事とする乃ち其れ備え有り，備えあれば患い無し」とある。過去の経験を踏まえ未来を予測して危険因子を可能な限り減らしていくことは災害対応の原則となる。いつ，どんな災害が起こるかは誰にもわからないからこそ，ひとたび災害が発生したときにどのように対応するかについて平時から考えそれに備えておかなければならない。

第**4**章

災害対応のガバナンス

紅谷 昇平
兵庫県立大学大学院減災復興政策研究科

日本では，過去の災害教訓を災害救助法や災害対策基本法，土砂災害防止法等の法制度に反映させてきた。同様に国や自治体等においても，過去の災害対応経験を基に災害対策本部等の災害対応体制や被災地への支援体制を整えてきた。それらは一定の成果を出しているが，防災専門人材の必要性についての社会的認知はまだ不十分である。民間部門においても，地域コミュニティ（自主防災組織，消防団等）やボランティア，NPO・NGO，中間支援組織など被災地を支援する体制が重層的に展開されつつあり，各地で地区防災計画，都市再生安全確保計画，DCP（地域継続計画）など多様な主体が連携した「大きな共助」に向けた取り組みが進められている。

キーワード

ガバナンス　災害法制　災害対策本部　地域防災　共助

第 4 章　災害対応のガバナンス

1　はじめに：災害対応の特徴と難しさ

　自然災害への対策は，Disaster Life Cycle という考え方では，災害後，緊急的に被災者支援や環境整備を行う「応急対応」，災害前の水準以上に回復させる「復興」，そして災害前には，被害軽減に向けた「減災」，応急対応・復興を円滑に進めるための「準備」の 4 つのフェーズに分類される。自然災害への応急対応が困難であるのには，いくつかの理由がある。一つ目には，自然災害は「突然」発生するためである。風水害や火山噴火なら事前にある程度，危険性の予報が可能であるが，それでも近年の風水害，土砂災害や御岳噴火等を振り返ると正確で具体的な予測は困難であり，事前に十分に準備することはできない。二つ目には，業務の質の違いがある。自治体や地域，企業等にとって災害対応とは，普段とは全く異なる不慣れな業務である。三つ目は，業務の量の問題である。被害状況の把握や関係者への連絡，復旧業務など災害対応業務の量は膨大となる一方，業務に必要な施設や設備，マンパワーなどの資源は被災により不足しがちであり，業務量と対応資源がアンバランスとなる。

　このような困難を抱えた災害対応を少しでも円滑に進めていくため，災害が発生するたびにその経験から教訓を学び，制度や仕組みに反映する試みが続けられてきた。ここでは災害対応のガバナンスとして，自治体や地域を中心として災害対応に関係する主体・組織の役割や制度，仕組みの変遷について説明する。

2　災害対応制度の変遷

　災害対応の重要な法律として，昭和南海地震（1946 年）の教訓を基に制定された災害救助法（1947 年）がある。自然災害の被災者は，無償で避難所等において食料や日用品を受け取り，仮設住宅に入居することができるが，これは災害救助法が根拠となっている。被災者支援，災害対応の費用の大部分を最

終的に国が負担することを定めているので，被災した市町村は費用の心配なく
災害対応に専念することができる。しかしながら，災害経験の少ない市町村で
は災害救助法について知識が少ない場合が多いので，国や都道府県からのアド
バイスを得て，災害救助法を十分に活用することが不可欠となる。

　被災者支援では，1998（平成 10）年に議員立法で制定された被災者生活再
建支援法の果たす役割も大きい。これは阪神・淡路大震災の際，災害救助法で
阻まれた被災者への現金の直接支給を可能にした制度である。2004（平成 16）
年，2007（平成 19）年の改正を経て，支援金の使途の制限，及び年齢・年収
等の要件が撤廃され，全壊または大規模半壊した住宅の再建には最大 300 万円
が支給されるようになった。本制度の財源は，都道府県による基金と国とが折
半で負担するが，被害が甚大な東日本大震災では基金が不足するため，国が 8
割を負担した。今後，南海トラフ地震や首都直下地震が懸念されており，大規
模災害時の財源確保については課題が残っている。

　災害対応を含めた国全体の防災対策の根本は，伊勢湾台風（1959 年）の反
省から制定された災害対策基本法（1961 年）で定められている。これは事後
の災害対応に加えて事前の予防，準備の重要性に目を向けたものであり，国は
防災基本計画を，自治体は地域防災計画を，それぞれ中央防災会議，地方防災
会議にて策定すること等が定められている。その後，阪神・淡路大震災後の改
正で国の現地本部や自主防災組織，ボランティアの育成，要援護者への配慮等
が，さらに東日本大震災後の改正で広域応援体制の強化や国による応急措置の
代行，避難行動要支援者の支援体制の整備，行政とボランティアとの連携，罹
災証明書の交付等が盛り込まれるようになった。また，同じく伊勢湾台風をき
っかけに制定された法律として「激甚災害に対処するための特別の財政援助等
に関する法律」（1962 年制定，「激甚災害法」という）も重要である。主に道
路等の土木施設や農地・農林水産業施設，学校，図書館等の公共施設が被災し
た場合，また，中小企業等が被災した場合，国が通常を超える特別の財政援助
や融資等の支援を行うことを定めている。

　土砂災害への対応については，2000（平成 12）年に制定された土砂災害防
止法が重要である。これは 1999（平成 11）年の広島豪雨災害の経験から，砂
防ダム等のハードによる土砂災害防止策に加えて，ソフト対策として土砂災

第 4 章　災害対応のガバナンス

害警戒区域，土砂災害特別警戒区域を定めて危険箇所の周知や避難態勢整備，土地利用誘導等を含め，総合的な対応への転換をはかるものである。さらに2014（平成 26）年には同年 8 月に発生した広島土砂災害を防げなかった反省から改正され，危険箇所基礎調査結果の公表の義務化や土砂災害警戒情報に基づく避難勧告等の発令，市町村地域防災計画への土砂災害に対する避難態勢の記載等が盛り込まれた。また 2017（平成 29）年の水防法の改正でも，ハードだけでは防ぎきれない大洪水が必ず発生するものとされ，ハード・ソフト対策を一体として「逃げ遅れゼロ」「社会経済被害の最小化」を実現するため，水害リスク情報の周知や地域全体での避難支援等の対策が打ち出された。表 1 に第二次世界大戦後の主な災害と関連した制度の一覧を示す。

表 1　第二次世界大戦後の主な災害と関連した制度整備

災害発生年	主な関連制度
1946 年　昭和南海地震	1947 年　災害救助法
1948 年　福井地震	1950 年　建築基準法
1959 年　伊勢湾台風	1961 年　災害対策基本法 1962 年　激甚災害法
1964 年　新潟地震 1968 年　十勝沖地震	1971 年　建築基準法改正
1978 年　宮城県沖地震	1981 年　建築基準法改正
1995 年　阪神・淡路大震災	1995 年　地震防災対策特別措置法，災害対策基本法改正，耐震改修促進法 1998 年　NPO 法，被災者生活再建支援法
1999 年　広島豪雨災害	2000 年　土砂災害防止法
2000 年　東海豪雨	2001 年　水防法改正 2003 年　特定都市河川浸水被害対策法
2004 年　新潟・福島豪雨，福井豪雨，台風 23 号水害	2005 年　水防法改正，土砂災害防止法改正
2004 年　新潟県中越地震	2006 年　宅地造成等規制法改正
2011 年　東日本大震災	2011 年　津波防災地域づくり法・津波対策推進法 2012 年　災害対策基本法改正 2013 年　災害対策基本法改正，大規模災害復興法，南海トラフ地震対策特別措置法，首都直下地震対策特別措置法 2014 年　災害対策基本法改正
2014 年　広島土砂災害	2014 年　土砂災害防止法改正
2015 年　関東・東北豪雨 2016 年　台風 10 号水害	2017 年　水防法改正

3 自治体の災害対応体制

■ 国・都道府県・市区町村の役割分担

日本では、自然災害が発生した場合、まずは住民に最も近い基礎自治体（市町村）が災害対策本部を設置して、被災者支援にあたることになっている。そして基礎自治体だけでは対応できない大規模な災害の場合には、都道府県が被災市町村の支援を行い、都道府県でも対応できない巨大災害の場合には国や被災していない他自治体が支援するのが基本である。さらに巨大津波により沿岸部の市町村が壊滅的な被害を受けた東日本大震災等の巨大災害では、国や他自治体、NPO、民間企業など多様な主体による支援が展開される。これら支援の概要を図1に示す。

大規模災害で自治体が困難な状況に陥った際、国は救助や被災者支援を支援するため、自治体のニーズ収集や支援活動の調整を現地で担う現地対策本部、現地連絡対策室等を設置し、被災地の状況を東京にある政府の緊急／非常災害対策本部に伝えるとともに、災害対応に関するアドバイスや資源提供等を

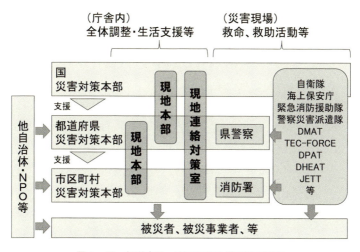

図1　国・都道府県・市区町村の災害時の関係

第4章　災害対応のガバナンス

被災自治体に行っている。また被災都道府県においても，被災市町村を支援する県職員チームを平時から準備している例（兵庫県「ひょうご災害緊急支援隊」，鳥取県「災害応援隊」等）があるが，全国的にはまだ普及していない。

　被災現場での救命・救助活動では，自衛隊や阪神・淡路大震災後に設立された緊急消防援助隊（緊消隊），警察災害派遣隊（災害派遣隊），DMAT（災害派遣医療チーム）などが派遣される。さらに，国土交通省は土木技術等に関する支援を行う TEC－FORCE（緊急災害対策派遣隊）を，厚生労働省は心のケアを支援する DPAT（災害派遣精神医療チーム）と DMAT の公衆衛生版である DHEAT（災害時健康危機管理支援チーム）を，気象庁は気象に関する情報の解説等を行う JETT（気象庁防災対応支援チーム）を創設している。国以外では，各県と社会福祉協議会，福祉関係団体が DWAT（災害派遣福祉チーム）の派遣体制を整え，また兵庫県・熊本県は被災地の学校や教育現場を支援する仕組み［それぞれ震災・学校支援チーム（EARTH），熊本県学校支援チーム］を設けている。被災自治体は，これらの専門的な支援チームを活用しながら災害対応を行う準備が求められている。

■ 災害対策本部

(1) 災害対策本部とは

　大規模な自然災害が発生すると，自治体は，災害対応に特化した業務体制である「災害対策本部」という組織を立ち上げる（図2）。本部長は首長（知事，市町村長），本部員は小規模な災害時には防災部局等の一部の職員で，大規模な災害時には庁内の全職員となる。各部局が災害対策本部の各班と位置づけられ，全庁的な体制で災害対応を行う。そして，本部長や幹部職員が集まり，各部局の取り組みや全庁的な課題について話し合う会議が，災害対策本部会議（本部会議）と呼ばれている。

　災害対策本部会議の主な役割としては，①情報の共有，②状況認識の統一と部局間調整，③進行管理の3つがある。しかし現実には，表面的な情報共有のみの30分程度の形式的な会議となり，十分にその役割を果たしていない場合も珍しくない。庁内が一致団結して災害対応に取り組むためには，災害対策本

3 自治体の災害対応体制

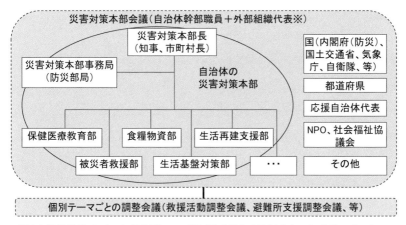

（※外部組織代表は，本部会議の正式な構成員とする場合と，オブザーバーとする場合とがある）

図2　自治体の災害対策本部と災害対策本部会議

部会議を有効に機能させることが第一歩である。

(2) 情報の共有

　本部会議の第一の目的は，被害や被災者，避難者，支援活動の状況や課題について，各部局や組織が持っている情報を共有することである。各部局から本部会議前に情報を集めて資料にまとめて配布し，会議後には簡単な速記録を作成し，関係者に配布する。しかし，現実には都道府県や政令市であっても，資料準備や議事録作成に人手を割けていない場合がある。外部組織やメディアとの情報共有のためにも，状況が落ち着いてきた段階では，紙資料の準備やホワイトボードなどに議事メモを残すことが望ましい。

　第二の目的は，本部会議の参加メンバーの範囲の拡大である。平常時の幹部会議と同じ感覚で，自治体の内部メンバーだけで構成される本部会議も見られるが，これは望ましくない。ボランティアセンターや社会福祉協議会やNPO，応援自治体の代表，国・県，警察，自衛隊，気象庁，医師会等を含め，必要に応じて災害対応に関わっている組織の代表に参加してもらい，より幅広い情報の共有をはかるのが，現在の主流である。情報発信の点からはメディアに公開

第4章　災害対応のガバナンス

するのも有効であるが，この場合，メディアには公開できない話題は，本部会議の前後に幹部によるクローズな場で話し合う必要がある。

　また，救助活動や避難所対策等については，本部会議だけでは情報共有が不十分となるため，担当レベルを中心とした実質的な対策を話し合う場を，別途設けることも有効である。

(3) 状況認識の統一と部局間調整

　本部会議でよく見られるのが，被害や避難者，対策の数量だけの報告であるが，これでは不十分である。人口や避難者に対して何パーセントなのか，前日に比べてどの程度改善したのか，通れる道路がどこなのか，それぞれの数字の持つ意味がわかるよう，比率や比較，地図等を用いた資料が望ましい。本部会議で必要なのは，例えば「食料1万食を届けた」という数値ではなく，「避難所の食料は十分なのか」「在宅の被災者まで食料が届いているのか」といった，「被災地で何が課題で，どのような対策が必要なのか」という情報である。

　このように全庁的に被災地の状況・課題を共有することは「状況認識の統一」と呼ばれ，単なる「情報の共有」とは区別される。各部局や組織は，担当する所掌の範囲しか見えていない。そこで各組織の業務を調整し全庁的な意思決定をする際には，幹部職員間が「被災地全体の状況，全庁的な課題」について同じ認識を持ち，その上で，被災者にとって望ましい対策や優先順位を考えることが重要である。

(4) 全庁的な進行管理

　本部会議の最後には，「現在の被災地の優先課題は○○であり，そのため，××までに，△△に取り組む」ということが決定されることになる。しかし，その後に対策が取られたのかどうか，進行管理がされていない場合も多い。進行管理で大切なのは記録である。議事録とは別に，表2のような進行管理用の一覧表を作成し，重要な災害対応課題やその進行状況を本部長や幹部職員が一目で分かるようにしておくことが望ましい。

76

表2　進捗管理表の事例

No.	課題・業務	担当	期限	実施状況	課題
1	避難所におけるペットの取り扱いルールの決定	○○課	○月○日	終了	
2	テント，自動車での避難者数の確認	○○課	○月○日	残り××地区，△地区	人員の不足
3	仮設住宅用地のピックアップ	○○課	○月○日	○○戸分確保済み	土地所有者の所在確認

■ 自治体におけるリーダーの役割

　大規模な災害に対応した首長の手記やインタビュー記録を分析すると，いくつもの課題に直面している。まず被災直後に問題となったのは，家族の負傷や道路の被災により登庁が困難になったことや，災害の知識・経験の不足により被災状況をイメージできず対応が後手に回ったことである。次に，庁舎や設備の被災や人員の不足，マスコミ対応，視察対応などが業務を進める障害となり，さらに費用負担や制度運用のノウハウ不足や国，県等との連携・調整なども課題となった。

　災害時には，平時と全く異なる状況で，異なる意思決定を求められる。事前の備えがなければ，首長といえども時々刻々と変わる被災地の状況に対応することは難しい。災害時におけるトップの役割として，次の4つが挙げられる(図3)。

　一つ目は「素早い意思決定」である。地域防災計画やマニュアルがあったとしても，災害時では多くの想定外の事態が発生し，その都度，意思決定が求められる。特に平時のルールの枠外となる決断を下すことができるのは，首長だけである。トップの意思決定が遅れると，現場の対応もずるずると遅れ，職員の志気も下がっていく。

　二つ目は「庁内マネジメント」である。災害対策本部会議等を通して目指すべき目標を決定・共有し，全庁一体となった体制をつくるとともに，必要に応じて積極的に現場への権限委譲を進めていく。

　三つ目は「外部組織との調整」である。災害時には，自らの資源，人員だ

第4章 災害対応のガバナンス

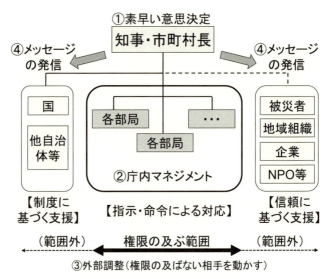

図3 災害対応における自治体リーダーに求められる役割

けでは不足するため，国や他自治体，民間組織（企業，メディア，NPOなど）に応援を仰がなければならない。この際，現場レベルで動くのではなく，やはりトップ自らが動き，ハイレベルでの要請・調整をすることで，より早く，より多くの支援を得ることが可能となる。これは自らの権限が及ばない他組織を動かすことであり，そのためには普段からの信頼関係の構築が大切である。

四つ目は「メッセージの発信」であり，選挙で選ばれた政治家にしかできない重要な役割である。災害後，知事や市町村長の「自治体は機能しており，対応を始めている」という言葉で安心した，という被災者は多い。また三つ目で挙げた外部の協力を得るためにも，メディアなどを通したトップからの呼びかけは効果的である。

■ 防災担当職員の専門性

自治体の防災部門には，いくつかの人事的な課題がある。一つは，通常のローテーションで数年ごとに人が入れ替わるため，災害対応のノウハウが蓄積さ

れない点である。特に年度当初は，人事異動によって防災部局の2〜3割は素人同然であり，その時期に大災害が発生すれば混乱することは避けられない。次に，平時と災害時とでは業務内容が大きく変わるため，リーダーとして求められる役割・能力が異なってくる点である。最後に，特に小規模自治体では職員数が少ないため，「兼業防災担当者」になっていることである。兼業であっても，やるべき業務の種類が減るわけではないため，災害時には多く業務すべてに目配りすることは難しい。

アメリカでは，1990年代後半から防災・危機管理には専門家が必要だという認識が急速に広がり，防災・危機管理を扱う大学のコースは1994年の4つから，2006年には141にまで急増した。その理由として，FEMA（連邦危機管理庁）と大学が連携し，専門家の教育カリキュラムを開発するとともに，危機管理の仕事に就くためには資格や研修の受講歴が必要なことが挙げられる。世界最大の防災実務者組織であるIAEM（国際危機管理者協会）の専門資格[AEM，CEM]は，実務経験や学習実績など認定基準が非常に厳しく，プロとしての実力を評価している（表3）。日本の自治体でも，災害対応を担うスペシャリストを育てることが急務であり，内閣府の「防災スペシャリスト養成研修」，総務省の「災害マネジメント総括支援員登録制度」，人と防災未来センターの「災害対策専門研修」等の取り組みが展開されているが，その重要性について社会に十分認知されているとはいえず，今後のさらなる展開が期待される。

表3　IAEMの危機管理専門資格の認定基準

	AEM	CEM
災害対応等を含む3年以上の実務経験	―	○
4年制大学の学位	―	○
6以上の分野での専門家としての社会的貢献	―	○
3通の推薦状	○	○
マネジメント分野での100時間以上の学習歴	○	○
危機管理分野での100時間以上の学習歴	○	○
危機管理に関するエッセイ	○	○
100問の選択肢式試験	○	○

4 地域の災害対応体制

■ ボランタリー活動団体による災害対応の変遷

　日本では，町内会や消防団など伝統的な地域コミュニティによる相互支援が，災害時のボランタリー活動の中心であったが，1995（平成7）年の阪神・淡路大震災で延べ140万人の個人ボランティアが被災地支援に取り組み，ボランティア元年と呼ばれるようになった。その後，1997（平成9）年のナホトカ号重油流出事故の際にも多くの個人ボランティアが重油の回収作業に入ったこととも併せて，災害や事故の際に個人ボランティアをマネジメントする方法として，災害ボランティアセンターの仕組みが普及していった。また阪神・淡路大震災をきっかけに被災者支援や他地域の災害支援に取り組む組織も生まれ，その動きは1998年の特定非営利活動促進法（「NPO法」という）制定にもつながることとなった（表1）。さらに東日本大震災では，地域コミュニティ，個人ボランティア，災害支援を目的としたNPOなどに加えて，被災地が壊滅的な被害を受けたため強いバックアップ体制を有する国際NGOが支援で存在感を発

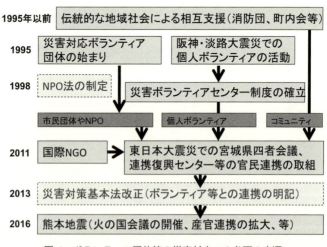

図4　ボランティア団体等の災害対応への参画の変遷

揮した（図4）。

東日本大震災をきっかけに，ボランティアやNPOと国・地方自治体との連携も大きく進みつつある。これは，東日本大震災前に開催された「防災ボランティア活動検討会」においてNPOと内閣府（防災担当）との関係性が構築されていたこと，東日本大震災後，政府に震災ボランティア連携室が設置されたこと，また宮城県や一部被災市町村でボランティアやNPOなどが加わった定例連絡会議が開催されたこと等が有効に働いた。またNPOなどの活動に経済界からの資金をつないだJPF（ジャパンプラットフォーム）や，行政を含めたコーディネートや情報共有のハブとなった宮城県，岩手県，福島県の連携復興センターに代表される中間支援組織による支えも大きかった。さらに2016（平成28）年には被災地支援に関わる全国のNPO・NGOなどの連携組織であるJVOAD（全国災害ボランティア支援団体ネットワーク）が立ち上がり，熊本地震（2016年）でも地元NPOと共に被災者と被災地支援団体，行政等をつないでいった。

■ 住民コミュニティによる防災活動

住民コミュニティには，大きく二種類の災害時の共助のための組織が存在する。一つは，構成員が非常勤特別職の地方公務員の身分を持つ組織であり，消防組織法に基づく消防団と水防法に基づく水防団が該当する。もう一つは，一般の市民が無償で活動するものであり，任意団体である自主防災組織や町内会等が該当する。自主防災組織については，災害対策基本法で位置づけられているが，自発的な組織であり構成員の身分は公務員ではない。この身分の違いは，災害対応時に万が一の死傷事故が発生した場合の補償に関係してくる[1]。

阪神・淡路大震災以降，災害後の救助活動や要配慮者の安否確認，避難所支援等の初期対応において地域住民の共助の重要性が指摘されてきた。さらに2004年の新潟豪雨水害等の教訓から地域の要援護者の把握や避難行動支援においても，地域住民組織への期待が高まることになった。東日本大震災後の2013（平成25）年には災害対策基本法改正により地区防災計画制度が創設されるなど，避難支援や事前対策等，地域の住民コミュニティに求められる期待

第4章　災害対応のガバナンス

はますます増大している。

　一方，地域住民サイドの現場からは「地域活動の担い手が減少し，災害時の支援活動は難しい」という声が聞かれる。避難行動要支援者への支援にしても「支援の担当は事前には決めず，災害発生後，地域の災害対策本部にて定める」，「支援者は状況確認のみで，負担の多い救助・救援活動はしなくても良い」など，住民側で対応可能な活動を探りながら現実的な折り合いをつけようと苦心している。地域防災には，住民の「自助」，地域組織や企業による「共助」，そしてそれらの活動を支援する「公助」が不可欠である。通常，補完性の原則から，自助・共助でできないことを公助が担っている。しかし，公助に限界がある災害時に関しては「自助・公助でできないことは共助で」と，住民による共助が最後の担い手として過度な期待，負担を押しつけられているとも言えよう。

■ 地域防災活動に関する制度

　地域防災活動を後押しする制度としては，大きく二つある。一つは，先に述べた「地区防災計画制度」であり，主に地区の居住者による自発的な防災活動について用いられる場合が多い。2014（平成26）年3月には，国が「地区防災計画ガイドライン」を公表，同年6月には「地区防災計画学会」が設立され，普及啓発に努めている。地区防災計画は，地域の災害リスクや社会特性に応じて，地域コミュニティ主体で策定するボトムアップ型の計画であり，提案することで市町村の地域防災計画に位置づけられる仕組みとなっている。地区防災計画を策定したことで特別な支援が受けられる訳ではないが，住民や事業者が地域の災害リスクや防災に関する取り組みを認識，理解し，自主的・継続的に地域防災力を向上させる活動を実践する効果が期待される。

　もう一つの制度は，東日本大震災で数多くの帰宅困難者が発生した教訓から，大規模なターミナル駅周辺地域で主に帰宅困難者を対象とした防災対策を促すための「都市再生安全確保計画制度」である。こちらは2012（平成24）年の都市再生特別措置法の改正により創設され，都市再生特別措置法で定める都市再生緊急整備地域において，大規模な地震が発生した場合における滞在者等の安全の確保をはかるために必要な退避経路，退避施設，備蓄倉庫その他の施設

82

の整備等が盛り込まれている。

またこれらの制度とは別に自主的に一定のエリアで防災活動に取り組む事例が見られ，「防災隣組」や「地域継続計画（District Continuity Plan：DCP）」（指田，西川，丸谷，2013）等が代表的なものである。防災隣組とは「まちの安全性を高めるため，大都市圏に立地する企業同士が，地域住民組織を模して結成した団体」［内閣府，防災隣組による防災まちづくり活動（減災への取組）］であり，地域の企業による互助組織である。DCPについては多様な概念が用いられているが，2013（平成25）年に策定された香川DCP（香川地域継続計画）（香川地域継続検討協議会，2013）が代表的であり，南海トラフの巨大地震を対象に，四国の防災対策，復旧・復興推進拠点としての香川地域の機能継続を目的とした戦略的な地域インフラの早期復旧を目指す計画とされている。鳥取県においても，災害時には行政だけでなく地域社会全体の業務継続，災害対応力の向上が必要であるという問題意識に基づき，県，市町村，企業，医療・福祉施設と連携した地域全体の業務継続計画を策定することを目的とした「鳥取県版業務継続計画（BCP）策定推進に関する基本指針」（鳥取，2012）を2012年に定めた。これは災害時に重要な役割を担う各主体がBCPを策定する際の理念や前提条件，考え方等についての指針を示したものである。例えば条件によっては，県庁以外の組織についても「『オール鳥取県』での最適化をはかるため，優先順位をつけながら，知事が総合的に調整をする」と記されており，県内の多様な組織が災害時には協調しながら対応するための基盤づくりを進めている。

5　おわりに：小さな共助から大きな共助へ

ここまで自治体や地域の災害対応ガバナンスに関わる組織やその取り組みについて紹介してきたが，重要なテーマになっているのが「多様な主体の連携，協力」である。地域の住民組織の助け合いという狭い意味の「小さな共助」から，自治体や企業，市民団体など幅広い主体が参画し，地域の防災活動をパートナーシップで担う「大きな共助」への拡張が求められている（図5）。

第4章　災害対応のガバナンス

　このような取り組みとして大阪府河内長野市の事例がある。きっかけは地域のガス会社の社屋の建て替えであった。第一段階として，市との協議により「平常時には新社屋の一部施設を地域防災力向上のための防災啓発活動に提供する」，「災害時には非常用電力や井戸水等の提供，新社屋の一部施設を市民団体及びNPO等の活動支援拠点として開放する」等の防災基本協定が2012年5月に締結された。しかし，災害時，ガス会社は復旧業務を優先するため，施設の一部は提供できても，人員等を提供することはできないため，地域防災活動の担い手となる市民組織等との連携が不可欠であった。そこで，第二段階として2012年10月から，災害時の地域防災活動について地域の団体（市社会福祉協議会，市民公益活動支援センター，長野小学校区まちづくり会議）と市，ガス会社が協議する勉強会が開催された。勉強会では，大地震発生を想定したワークショップなどを通して，各団体の取り組みや活動の課題について認識を共有しながら，ガス会社の新社屋の一部をどのように地域防災に活用していくのか検討を進めていった。また，まちづくり会議は住民の避難訓練を，市民公益活動支援センターは加盟団体に対して災害時に可能な貢献内容を尋ねるアンケート調査を実施し，それぞれの活動を積み重ねていった。その後，完成した新社屋を用いた防災訓練や防災セミナー等を，関係者が連携して開催している。

　これは，第一段階としてスタートしたガス会社と行政との協定が，第二段階として地域組織や市民公益活動支援センター等を巻き込んだ「大きな共助」に発展していった例である。2018（平成30）年にも6月の大阪府北部地震や平成30年7月豪雨（西日本豪雨水害）が相次いで発生し，大きな被害をもたらした。大規模災害は，日本のどの地域で発生しても不思議ではない。被災者を支えるためには，行政や地域が個別に努

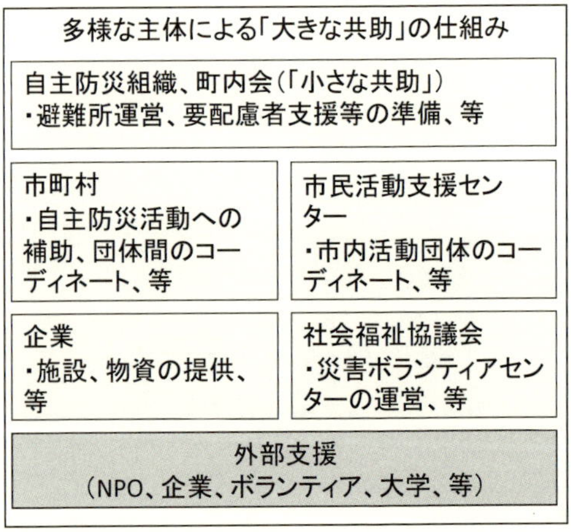

多様な主体による「大きな共助」の仕組み	
自主防災組織、町内会（「小さな共助」） ・避難所運営、要配慮者支援等の準備、等	
市町村 ・自主防災活動への補助、団体間のコーディネート、等	市民活動支援センター ・市内活動団体のコーディネート、等
企業 ・施設、物資の提供、等	社会福祉協議会 ・災害ボランティアセンターの運営、等
外部支援 （NPO、企業、ボランティア、大学、等）	

図5　「小さな共助」から「大きな共助」へ

力するだけでなく外部支援を含めた「大きな共助」が必要であり，地域の災害対応ガバナンスの再構築が急務である。

【注】

1) 自主防災組織のメンバーに対する補償については，災害対策基本法で規定されているものの，その運用について不明確な点や課題が多い。東日本大震災で死亡又は行方不明となっている東北3県の消防団員等201人のうち，公務災害等に該当すると見込まれる消防団員は198人なのに対して，補償対象となった一般市民（応急措置従事者）は3人にとどまっている。

2) 本稿の一部は，紅谷（2016b）の内容を基に加筆修正したものである。

3) 本稿で用いたデータは，科研費（15K11930）の成果を活用している。

4) 本稿で使用した略称法令名は，総務省行政管理局 e-Gov 電子政府の総合窓口（http://elaws.e-gov.go.jp/search/elawsSearch/elaws_search/lsg0100/）を参考にした。

5) アルファベット略称の正式名称については，以下の通りである（既出順）。
DMAT（Disaster Medical Assistance Team），TEC-FORCE（Technical Emergency Control FORCE），DPAT（Disaster Psychiatric Assistance Team），DHEAT（Disaster Health Emergency Assistance Team），JETT（JMA Emergency Task Team），DWAT（Disaster Welfare Assistance Team），EARTH（Emergency And Rescue Team by school staff in Hyogo），FEMA（Federal Emergency Management Agency），IAEM（International Association of Emergency Managers），AEM（Associate Emergency Manager），CEM（Certified Emergency Manager），JPF（Japan Platform），JVOAD（Japan Voluntary Organizations Active in Disaster）

《参考文献》

• 香川地域継続検討協議会 2013『香川地域継続計画（香川 DCP）骨子』
• 指田朝久，西川智，丸谷浩明 2013「DCP 概念を整理し新たな市町村地域継続計画 MCP の提案」（『TRC Eye』288 巻）
• 鳥取県版業務継続計画（BCP）策定推進会議 2012『鳥取県版業務継続計画（BCP）策定推進に関する基本指針［第2次改訂版］』
• 内閣府「防災隣組による防災まちづくり活動（減災への取組）」http://www.bousai.go.jp/kyoiku/keigen/torikumi/tsh19010.html（閲覧日：2014年6月11日アクセス）

第 4 章　災害対応のガバナンス

- 紅谷昇平 2016a「自治体 BCP 基礎講座　第 1 講～第 6 講」(『日経グローカル』290-300 号，2016 年 4 月～ 9 月)
- 紅谷昇平 2016b「自治体防災の最前線　第 1 講～第 6 講」(『日経グローカル』302-312 号，2016 年 10 月～ 2017 年 3 月)
- 紅谷昇平 2017a「自治体における震災対応体制の実態と課題」(公益財団法人えひめ地域政策研究センター『えひめ地域政策研究センター調査研究情報誌ＥＣＰＲ』38 巻，51-57 頁)
- 紅谷昇平 2017b「大規模災害時における地方自治体の災害対応体制」(総務省自治行政局公務員課編『地方公務員月報』653 号，2-15 頁，第一法規)

コラム 2009年フィリピン台風災害調査が示した 共助から脱落していく人々の問題点

大石 哲（神戸大学都市安全研究センター）

本コラムでは，フィリピン台風災害の調査を通してわかった日本での共助の弱体化について述べたい。

2009年8月から10月にかけて3個の台風がフィリピンを襲って，ルソン島を中心に多くの人命が奪われた。そのうち，9月末に台風第16号（フィリピン名Ondoy）がフィリピンのルソン島南部を襲い，大量の雨をマニラ首都圏にもたらした。これによって，死者464人，行方不明者37人，負傷者529人，被災者4,730,153人，全壊家屋26,956戸，半壊家屋127,614戸の被害があった（フィリピン政府2009年10月25日発表）。公共施設の被害額は42億フィリピンペソ（約100億円）であった。死傷者や家屋被害の数が多いのはマニラ首都圏を直撃しているためである。

マニラ首都圏を流下するパシグ・マリキナ川の被害の調査で，多くの非公式建築物居住者が河川の中のバラックなどに住んでいることがわかった。河川は一般的に常時水が流れている低水路と，普段は水が流れていなくて遊歩道などに使われている高水敷として整備されるので，非公式建築物居住者は高水敷に住むことが多い。行政は河川での居住を認めていない一方で，住宅不足などの理由で積極的な排除行動もしていなかったので，非公式建築物居住者は高水敷に定住してしまい，バラックには電気も引かれて無線LANのアンテナまで設置してあった。

災害後，住民はマニラ首都圏に多数ある屋根付きの公共バスケットコートを避難地として生活していた。食事や日々の生活必要物資は軍やNGOなどから提供されたが，多くの場合，健康な者や避難地以外からそれらの物資を漁りに来る者が大部分を取得してしまって，真に必要とする人々にはなかなか行き渡らなかった。写真1は兵士が被災者たちに救援物資を配給しているところを撮影した新聞記事であり，災害発生後1週間ぐらいの様子である。被災証明もなく，必要物資を必要な人に行き渡らせる調整もない状況が

見て取れ，最近の日本における災害直後の様子とは全く異なっている。

一方でフィリピンにはバランガイという100世帯程度からなる最小自治体がある。これは日本の町内会組織が，住民向けサービス（保育園運営やゴミ収集など日本では市が行っているようなもの）を担っているもので，日本の町内会よりは，はるかに資金も権限も大きな自治体である。バランガイにはバランガイ長や議会議員もいて，選挙でそれらが選ばれるために選挙民の管理は行き届いている。従って，バランガイの公式住民であれば，公的な支援を受けることもできるし，バランガイ長のリーダーシップ（これがないと選挙で勝てない）で共助の枠の中で生活できるのだが，非公式建築物居住者はそれらの組織からも漏れていると考えられる。

写真1 災害発生1週間後くらいに兵士が住民に救援物資を配布している（The Philippine STAR紙 2009年10月3日第1面）

都市を成り立たせるためには多くの労働者が必要であり，生活するためには仕事が必要である。都市という経済活動の中心で労働が必要とされるので，労働者は都市域内に住む必要がある。フィリピンの非公式建築物居住者が共助の枠組みから外れつつあることは都市化の負の側面であるといえる。一方で，日本の場合には公共交通の発達で都市の通勤圏が広がったために都市を支える人口の増加を郊外で受け止めることができたが，今度は高齢化社会，人口減少時代となって地域や郊外から共助の枠組みが弱体化している。

すなわち，フィリピンでは都市の内側で人々の共助が壊れつつあり，日本では地域や郊外から人口減少によって共助が壊れつつある。フィリピンの良い面であるバランガイといった共助の枠組みと，悪い面である共助の枠組みから漏れつつあって災害時に最も脆弱な住民の存在，その両面から日本も学び，都市の構成と都市への流入・流出交通を再定義することから日本の近未来設計を見直すべきであると考える。

《参考文献》

- 大石哲 2010「2009年フィリピン台風災害調査報告」（『平成21年度河川災害シンポジウム概要集』，38-47頁）

第 **5** 章

被災者主体の
復興まちづくりへ向けて
～ 法制度の課題 ～

金子 由芳
神戸大学大学院国際協力研究科

本稿では，「復興」の目標設定を「誰が」「いかに」行なうべきかの問いを立て，東日本・アチェ・四川・クライストチャーチの研究協力者との合同調査からの検討を行った。日本の大規模災害復興法やニュージーランドのCERA法は，一般法規を規制緩和し，迅速かつ大胆な復興事業を可能にする狙いが共通する。しかし，震災7年，東日本でもクライストチャーチでも復興は未完である。他方，アチェのRALASは3年で終了し，四川の復興では3年の計画を2年で完了した。仙台防災枠組が「復興」を焦点化した今，スピードだけではなく，安全と生活を両立する質的な目標達成度，またその前提を為す住民参加の視点で，復興を評価する手法の確立が求められている。

キーワード

災害復興の法制度　復興まちづくり　住民参加
大規模災害復興法　復興の国際比較

1 はじめに

　災害後の復興まちづくりは，行政の各部門や専門家が多様な領域から関与する結果，縦割りに陥ってしまう恐れがある。「復興計画」は得てして，安全，生活再建，地域振興などの異なる目標を並列して終わりかねない。これを受けた復興整備事業や復興推進事業が，細分化された各論に終始し，個々の事業が完成した後に，改めて，さて「復興」は何を成し遂げたのかと被災地は自問し，無数のピースをつなぎ合わせながら回答を探すことになりかねない。

　しかし被災者にとっては，「復興」とは，一つの総合的な現象である。安全・生活・地域づくりのすべてが一体として，被災地は再生する。安全を欠いた街区，あるいは安全だが生活の成り立たない街区が完成しても，被災者はそれを「復興」と呼ばないであろう。2015（平成 27）年第 3 回国連防災世界会議が採択した「仙台防災枠組 2015 − 2030」は，「復興」に一つの章を割き，"Build Back Better" の用語を採用した。それは「より安全」かつ「より住みよい」「より魅力ある」などの総合的な価値感を示唆していると思われるが，明確には定義されていない。定義なき目標の下では，復興の「評価」も成り立ちえない。

　本稿が問題にしたいのは，そのような価値目標を，誰が，いかに選び取るのかの問いである。「誰が」の問いに対して，被災地の復興は，そこにとどまり再建を担う被災者自身が主人公であるべきことは疑いないだろう。では「いかに」選ぶのか。本稿は，復興まちづくりの意思決定手続のあり方について，筆者グループが現地調査を通じて接した日本と海外の事例検討から論点を引き出すことを目的とする[1]。

2 日本の現状－参加手続の後退

■ 阪神・淡路大震災以降の条例の展開

　阪神・淡路大震災の復興における「安全」の選択肢は，地震火災が発生した地域を中心に実施された土地区画整理事業であった。延焼を防ぐため，「換地」「減歩」の手法により，道路幅を拡げ公園等を整備する都市計画の発想である。土地区画整理法の解釈により，事業の実施前後での財産価値の一定を前提とする「照応の原則」が適用され，事業の実施により対象地域の安全性・利便性が向上し全体として資産価値が上がったとされる分を，無償の「減歩」として計算し，その総額の内部で，各戸の現実の負担分の差異を互いの清算金支払いにより均して調整する。各戸の運命は分かれ，土地は無傷で清算金のみを支払う世帯もあれば，道路拡張に引っかかり土地をすべて失い，清算金を手に地域から出て行かざるを得ない世帯も生じる。区画整理は関東大震災や戦災復興以来，日本の都市計画のお家芸であるが，震災・戦災で人命・財産を喪失したうえにさらに泣きっ面に蜂の如く区画整理で減歩に晒され，生活圏の原状回復を阻まれる地域の反発は，当然に根強い。

　阪神・淡路大震災後の神戸市における区画整理も，震災2カ月で拙速な都市計画決定がなされて市民の反発を招いたことから，兵庫県による都市計画の承認過程では，市民参加に配慮すべしとの付帯条件が付けられた。そこで，1981（昭和56）年「神戸市地区計画及びまちづくり協定に関する条例」に基づく市民参加手続が採用されていくこととなった。

　神戸市の1981年条例は，都市計画法16条2項にいう地区計画を具体化する手続条例であるにとどまらず，地域住民が都市計画行政と対等の協議を行うプラットホームである「まちづくり協議会」について規定した点に特色があった。まちづくり協議会の参加資格（4条「住民等」「学識経験を有する者」），設立条件や意思決定のシステム（4条「市の認定」「住民の大多数の支持」等），市行政に対する提案権（8条まちづくり提案の市長による尊重），市行政に対する一定の拘束力（9条「協定」），等が定められている。阪神・淡路大震災後に

第5章　被災者主体の復興まちづくりへ向けて ～法制度の課題～

は神戸市内 11 カ所で区画整理が実施され，「まちづくり協議会」が設置され，市財政の負担により住民主導でコンサルタントを起用し（12条），参加型のまちづくりに活かされた。

阪神・淡路大震災後のまちづくり協議会は行政・住民間の対立を埋める協賛組織に過ぎなかったとする批判もあるが，条例により公法的に住民参加の糸口を与える手続保障であった点は注目される。その後，条例による取り組みは他の自治体に受け継がれ，例えば東京都の 2000（平成 12）年震災対策条例は「地域協同復興」の理念にねざし，住民による「復興基本計画」の修正手続を定めた。東京都下の各区では，例えば 2006（平成 18）年の葛飾区での区民参加による街づくり推進条例等にみるように，平時のまちづくりに地区防災や事前災害復興計画を組み込む取り組みも盛んである（中林，2011）。これらの条例では，神戸市条例より一歩進めて，住民参加資格を「区民等」「地区住民」と広げ，また住民提案に対する区長の尊重義務（11 条 2 項）や不採用の理由開示義務（12条 3 項）を規定するなど，住民参加の具体化が模索されてきた。

■ 東日本大震災復興特区法における参加の後退

しかし 2011（平成 23）年東日本大震災の復興過程は，阪神・淡路大震災後の潮流であった住民参加型まちづくりを揺り戻し，行政主導型復興まちづくりへと切り変えた。結果，復興が目指す「安全」や「生活」の基準が，国家主導で決定されていったと考えられる。

国はなかでも「安全」基準の設定に時間を費やした。阪神・淡路大震災後わずか 2 カ月で重点復興地域が指定された際，ゾーニングのさしたる科学的根拠は示されなかったが，東日本大震災後には防潮堤高の設計や災害危険区域の指定に際して，科学的根拠とされた津波シミュレーションに膨大な労力が払われた。背景に，国家賠償法 2 条の公営造物瑕疵責任を回避する論理構成が模索されていたと想像される。東日本大震災では，被災各地で防潮堤等の公の営造物が瓦解し，コンクリートの塊となって破壊の爪痕を残した。河川法・道路法・海岸法など公物管理法の下で国等は公共用財産の管理責任を負い，また海・沼・水路等いわゆる法定外公共用財産は地方自治体が管理責任を負うと考えられて

いる。公営造物の管理責任を追求する訴えが起こる可能性はありえた。公営造物瑕疵責任は「危険責任」の法理に基づき，故意・過失を認定するまでもなく「瑕疵」さえあれば賠償責任を生ずると解されている。ただし，判例・通説は，ここにいう「瑕疵」が不可抗力や予見可能性・回避可能性の抗弁を許さない「結果責任」ほどには厳しくなく，客観的な安全確保義務を果たしていれば責任を免れうると解している。とくに自然公物である河川管理では，人工公物である道路管理と異なり，財政的・技術的・社会的制約を配慮し，社会的通念に照らして是認しうる程度の過渡的な安全対応があれば責任を免れるとするのが判例である[2]。国としては，当面の安全確保義務を果たした証拠を残す意味で，津波シミュレーションに拘った面があったであろう。

　結果として各自治体の「復興計画」は，2011年7月の国の「復興基本方針」や同年9月の中央防災会議決定を受けて，一律の「安全」基準を採用した。すなわち，東北沿岸一帯でレベル1[3]対応の巨大防潮堤建設が決定され，また将来のレベル2[3]津波到来時に家屋の流出により人命被害が予想される浸水深2メートル以上の地域を「災害危険区域」とし，区画整理による土盛り嵩上げ工事や，公的買上げ支援を伴う防災集団移転事業が適用された。レベル1津波到来時に決壊すれば公営造物の瑕疵責任を問われるが，レベル2津波で決壊しても行政責任は問われないとする安全の二層論であった。2011年末に制定された東日本大震災復興特別区域法（以下，復興特区法）によって，このような安全基準に基づく復興事業の予算措置が組まれた。

　筆者は「復興計画」の策定過程や復興特区法による復興整備計画の実施過程で，住民説明会にしばしば足を運び傍聴したが，具体的な情報開示はなく，住民の質問がはぐらかされる実態を繰り返し目撃した。自治体にとって「復興」の根幹は都市基盤整備事業の予算取りに他ならず，市民のあずかり知らぬ水面下で国と自治体が財源攻防に明け暮れ，かかる予算攻防の間，住民はひたすら待たされる実情であった。しびれを切らした住民の自主再建を阻むために，ガレキの公費解体処理を遅らせるなどの物理的手段を行政側は採用する。落胆した多くの市民は元地での再建を諦め，流出していった。

第5章　被災者主体の復興まちづくりへ向けて ～法制度の課題～

■ 大規模災害復興法

　東日本大震災後の復興特区法の枠組みは，行政部内で縦割りの垣根を越えた「協議会」を設け，「復興整備事業」や「復興促進事業」を協議・決定し，その公示により，事業決定に先立って必要な各種許認可の効果が一斉に発生する仕組みである。一般法規の規定する関係各省庁の許認可権限を捨象するいわゆる「特区方式」であり，小泉政権時代の規制緩和型の民活民営化推進手法として導入されたものである。反面，住民参加の機会はミニマムな公聴会等の実施にとどまる。

　2013（平成25）年制定「大規模災害からの復興に関する法律（以下，大規模災害復興法」は，特区方式を踏襲し，迅速な行政主導手続の集大成といわんばかりの構造を示す。そこでは「復興計画」の実質が都市基盤整備の予算取り手段であり，「復興」が含むべきそれ以外の要素についてはわずか1項（10条2項5）で触れるのみである。また復興特区法が予算執行段階の「復興整備計画」に当てていた行政協議会方式を，同法ではそもそもの「復興計画」の立案段階に適用している（11条）。計画の立案過程で住民参加機会は，単に「公聴会の開催」等に配慮するのみで何ら詳述されていない（10条2項5）。

　このように「復興」の立案過程は，住民参加とは逆方向へ進むかのようである。行政計画はそもそも，行政訴訟を通じた司法審査の対象外と考えられ，行政裁量の聖域となってきた。予算執行段階である事業計画決定の段階に至れば，司法審査の対象となりうるけれども[4]，しかし，執行が開始してのちの行政訴訟は行政にとっても住民にとっても熾烈である。できれば「復興計画」段階の「早期参加」により，行政・住民協同で知恵を寄せ合うことが，真の建設的な「復興」を導くはずである。しかし，日本の復興法制はいま，住民の早期参加に逆行する方向へ向かい，苦境に立っていると言わねばならない。

3 インドネシア・アチェにおける条例の取り組み

■ 村落自治の重視

　死者・行方不明者20万人の未曽有の被害をもたらした2004年インド洋津波の発生当時，インドネシアに災害復興法制はなく，国が臨時に被災地バンダアチェに設置した復旧復興庁（Badan Rehabilitasi dan Rekonstruksi：以下，BRR）が復興マスタープラン（2004-2009年）を策定した。マスタープランの当初案は水際2kmの一律の居住禁止区域の設定であったが，水際に生計を有する漁民などの住民側の反発が著しかったため，BRRは村落ごとの現有秩序・自主判断の尊重に転換し，2005年大統領令30号がこの方針を法制化した。さらに，法適用除外に関する2007年政令2号が，水没した土地に対しては元地公的買上げ・高台移転を強制するが（6条），土地が残存する地域では地籍確定登記事業を選択しうると明記した（7条）。このうち地籍確定登記事業については，2005年国家土地庁（Badan Pertanahan National：BPN）政令114-II号に基づき，国際ドナー連合（Multi-Donor Fund for Aceh and North Sumatra：MDF）の支援による村落単位の土地権原確定（Reconstruction of Aceh Land Administration System：以下，RALAS）事業が実施された。これらの復興事業の過程で，住民参加の基盤となったのは，すでに2001年（2006年改訂）アチェ特別自治法による分権化の潮流の下で導入されていた一連のアチェ州条例であり，慣習的村落（gampong）の慣習法秩序と自治権を積極的に公認する制度枠組みであった。慣習的正義に関するアチェ州条例2000年7号，村落（gampong）政府に関するアチェ州条例2003年5号，さらに津波後に，慣習法強化に関するアチェ州条例2008年9号，慣習的組織に関するアチェ州条例2008年10号，村長選挙方法に関するアチェ州条例2009年4号等が登場した。これらの条例を受けて，村落レベルでは，村長（kenchik），宗教的主導者（imeum meunasah），法制評議会（tuha peut）を中核に，慣習法（hadih maja）の法解釈に沿って伝統的自治制度（majelis adapt aceh）が採用された（詳しくはTaqwaddin, Alvisyahrin, 2013参照）。

第5章　被災者主体の復興まちづくりへ向けて ～法制度の課題～

■ 区画整理への疑念

　原状回復・村落自主決定を前提とした結果，RALAS による権原確定登記事業を選択しなかった村落も多い。Baitussalam 郡での調査結果では，3 年間の事業期間中，実施例は対象の半分程度にとどまったとする（Taqwaddin ほか，2014）。RALAS の持ち込む近代的所有権制度によって慣習法秩序が浸食されることを嫌う住民感情が指摘されているが（Fitzpatrick，2013），RALAS が単なる原状回復ではなく，区画整理を伴ったことも一因と考えられる。碁盤の目状に避難道路を通し宅地をスクエアに換地する画一的復興モデルが，水際の漁港や養殖池に近接して家々が点在する地域の生活ニーズに合致しない局面で，村落は，RALAS を受け入れるか否か，換言すれば「安全か，生活か」の二者択一を迫られたと考えられる。否を選択した村落は，安全対策を欠いたまま原状に復帰するしかなかった。

　住民が生活ニーズを重視しつつ，安全対策を自主選択する余地はなかったのか。

　筆者らは，JICA（Japan International Cooperation Agency：国際協力機構）が津波復興過程で日本流の区画整理事業を試行したバンダアチェ市内 Lambung 村にて，2013 年 12 月時点で聴き取りを実施した（詳しくは金子，2014 参照）。同村では，区画整理による街区整備のために，日本と同様，無償で 20％の減歩が行われたという。同村は公務員や富裕層の多い住宅街であったため偶々成功事例となりえたが，漁業者の村落では無償の減歩は容易に受け入れられたとは思われない。安全対策のための減歩は財産権の警察規制であり無償で当然だとする日本の論理は，国際的には必ずしも通用せず，インドネシア法に基づき正当な「損失補償」が必要とされる局面であったと考えられる。

　他方，筆者らは，村落独自の元地再建に成功したとされるバンダアチェ市内 Desa Dea Gulumpan 村で聴き取りを行った。村では RALAS の受け入れを否決したが，JICA 支援による避難タワーを別途招致するために，村落総有地の提供をいち早く決定した。また，避難タワーへ向けた避難路建設のために有償の土地収用が行われ，収用補償額で一部に紛争も起こったが，村落内部の調整により早期に妥結したという（政府提示 50 万ルピア /m² に対して 70 万ルピ

ア /m² で妥結）。結果として，安全対策の面でも，また，水際で漁業を営む生活ニーズに沿って街区の原状を維持したうえでも，住民にとって満足できる結果を得たとする聴取り結果であった。RALAS の画一的復興モデルを受け入れず，しかし，独自の安全対策を確保できた稀有な例である。

　以上，アチェの復興過程では，村落自治を重んじる一連の条例が導入されたが，その結果の評価については，「安全」「生活」の両面に鑑みれば明暗を分けた面もみえ，復興から 10 年を経てさらなる検証の余地が残されている。

■ 監督制度

　アチェの復興過程では，村落自治を外部から第三者的に監督する制度として，ウラマー諮問会議（Majelis Petmusyawaratan Ulama：MPU）等の上位団体の関与が制度化された点は注目に値する（慣習的組織に関するアチェ州条例 2008 年 10 号）。また各村落の意思決定の合法性を確保し，法的執行力を付与する趣旨で，シャリア裁判所が巡回裁判を果敢に実施したことも特筆される。

　また，中央レベルからは，大統領が任命するアチェ州オンブズマンが設置され，復興過程のあらゆる問題で個別の聴取・解決権限を付託されている。

4　中国 2008 年汶川地震震災復興再建条例

■ 参加型制度と実態のギャップ

　中国四川省を襲った 2008 年 5 月の汶川地震の復興過程では，震災一カ月で汶川地震震災復興再建条例（国務院令 526 号）が制定され，中国沿岸部の富裕層が被災自治体の復興を競って支援した，いわゆる「対口支援」等の成功事例の根拠法規として知られている（43，53，63 条）（Gu，Xiang，2015）。しかし，それらの復興の意思決定がいかなる手続過程を通じて実施されたかの側面は，ことさら論じられてこなかった視点である。

　震災復興再建条例 43 条は，都市部と農村部の復興再建について，異なる規

第5章　被災者主体の復興まちづくりへ向けて 〜法制度の課題〜

定を置いている。都市部については，市政府によるインフラ復旧に触れられているのみである。これに対して，農村部については，「農民の要望を尊重」「村民自治組織の役割を発揮」「自力更生」等の住民参加が強調されている。また，農村の住宅復興については，県級人民政府が村民を指導しつつ，耐震性と民族伝統様式に配慮した住宅再建プランを選択させていく役割が規定されている。また，条例44条では土地利用総合計画に基づく土地区画整理・造成を想定している。

　これら農村部の復興に関する条例の規定は，2002年制定の「農村土地契約法」（27条）や2007年「物権法」（130条）を反映すると考えられる。すなわちこれらの法律は，災害等で耕地区画整理が必要となる場合に原則として住民総会ないし村議会の3分の2の合意を経て，上級行政庁の農務部門の承認を得るものと規定し，ただし，個々の請負経営契約上に区画整理を受け入れないとする特約がある場合はかかる特約が優位する，とする意思決定手続が明記されている。

　住民総会・村議会の3分の2による合意とは，まさに直接民主主義による住民の自己決定であり，行政主導の日本とは対照的である。しかし，住民の特別多数決さえ得られれば，個別世帯の反対を押し切って復興が一気呵成に進む意味では，行政が戸別交渉に足で回る日本の事業プロセスの方が個人を尊重しているといえるかもしれない。住民意思の尊重と復興の迅速性という，相反する要請に折り合いをつける一つの妥協線が，中国では復興後の条例ではなく，平時の法律レベルにおいて明示されていた点が強みであったと考えられる。

　しかし，制度と現実には格差があった。激甚被災地の一つとなった旧北川県城での，筆者の2014年8月時点の現地聴き取りでは，新設都市・新北川永昌への移転に伴い農業者は農地経営請負権を無償で県政府に「返還」せねばならず，商工業部門への転業を促されたとする住民の述懐に接した。一方，旧北川周辺に点在するチャン族の農村集落においても近隣への移転・集住化が行われたが，やはり，村政府への農地の無償の「返還」が生じている。その決定は上意下達され，村落側による意思決定への参加は行われなかったという。返還された農地は，今後，村政府により集約的な果樹園等の利用高度化が予定され，地元での雇用機会創出を意図するというが，当面多くの世帯は出稼ぎに依存し

て生計を凌いでいる（詳しくは金子，2014参照）。このように復興過程で，安全対策のために農地の無償の「返還」により農民が生活の糧を失う傾向があり，いわば「安全」が「生活」を阻害する選択である。その選択の過程で，住民意思が顧みられない復興の現実が見出された。

■ 損失補償の不在

筆者らの現地調査からは，迅速な復興の目玉となった大規模な集団移転事業における移転用地の確保のために，農地の無償の「返還」が起こり，その補償問題がくすぶる実態も伺われた。旧北川県城を集団移転し人口3万人のコンパクトシティとして新設された新北川永昌では，建設用地の確保のために，じつに3,000km²に及ぶ農地の請負経営権の無償の「返還」が実施された。筆者の現地聴き取りでは，農地を喪失した農民は代替地も現金補償も得ておらず，一種の代償措置として「農村戸籍」から「都市戸籍」に転換を認められ，また新北川の一角で集合住宅の区分所有権一室を賦与されたにとどまる。2004年憲法（10条3項）や2007年物権法（42条）では財産の端的な市場価値のみならず「農民の生活保障，適法な権益の維持」を原則化しているが，現実には，「都市戸籍」の付与が生活保障措置と見なされるにとどまっている。従前の生活基盤であった農地・宅地・家屋を一体的に失った対価として，正当な補償と言いうるのか疑問が残る。

■ 監督制度

復興の監督は，主に上級行政庁による垂直的監督が想定されている（65条）。機関・個人は不正に関する通報の権利があり，処理結果を社会に公表する（72条）。

第 5 章　被災者主体の復興まちづくりへ向けて ～法制度の課題～

5　ニュージーランド
　2011 年カンタベリー地震復興法

■ 復興庁による地方自治・私権の制限

　東日本大震災にわずかに先立つ 2011 年 2 月，ニュージーランド南島の
クライストチャーチ市でカンタベリー地震が生起した。その復興過程では，
2011 年 4 月 16 日制定のカンタベリー地震復興法（Canterbury Earthquake
Recovery Act 2011：以下，CERA 法）が，復興の意思決定手続や行政権限に
ついて規定した。

　CERA 法の最大の特色は，平時の一般法規の適用を排除し，カンタベリー
復興大臣とカンタベリー復興庁 CERA 長官に絶大な裁量権限を付与する点に
ある。発災直後の緊急対応や有事法が規定するような非常権限の発想を，災害
復興に当然のように及ぼしていくことの妥当性が問われる。特に地方自治法の
定めに反して国の機関が地方行政に介入する権限，また，土地収用法の定める
適正手続に反して強制的な私権制限を行う権限等，違憲性が問われるとして多
くの批判が起こった（Toomy, 2016; White, 2016）。

　すなわち CERA 法では，「復興方針」（Recovery Strategy）を CERA 長官
が起草し，カンタベリー復興大臣の推薦を受けてニュージーランド総督が承認
する（11 条）。「復興方針」はその承認の効果として，1991 年資源管理法（Resource
Management Act：以下，RMA）による地域の土地利用政策・計画に優位する（15
条）。さらにこの「復興方針」を受けて，CERA 長官が「復興計画」（Recovery
Plan）を起草し，カンタベリー復興大臣が承認する（16 条）。「復興計画」の
承認の効果として，地方自治体は，「復興計画」に違反する RMA 運用や地方
政府法・運輸法・自然保護法等の政策立案・運用を禁止され（23 条・26 条），
また「復興計画」に従って RMA の政策・計画を変更しなければならない（24 条）。
カンタベリー復興大臣は裁量により，これら平時の法規による政策・計画や
RMA の運用を停止・変更・廃止できる（8 条 f, 27 条）。CERA 長官は裁量に
より，自治体が単独では締結できない契約類型を定めることができる（28 条）。
カンタベリー大臣は自治体に対してあらゆる命令・禁止命令をも発しうる裁量

権限を有している（8条 g-h, 48-50条）。このように CERA 法は，カンタベリー復興大臣と CERA 長官に対し，地方行政の自治を統制する非常時権限を与えている。

　また，CERA 法は，CERA 長官による広範な私権制限を定めている。CERA 長官は1カ月前の通告により被災建物の強制解体権限を有し，所有者等の異議申立て権は否定されている（39条7項）。また CERA 法は，カンタベリー復興大臣による土地の強制収用権限を定めており（53-55条），土地所有者は異議を申立てる権利を否定され（54条5項），1カ月以内に立退かない場合は強制執行される（57条）。宅地の強制収用に際しては，CERA 長官は裁量で代替地を提供する場合があるが（58条），原則は金銭補償にとどまり，補償についての異議申立て権は限定されている（68-69条）。

　以上のカンタベリー復興大臣と CERA 長官による地方自治や私権自治に対する強力な介入権限は，復興の迅速化にとって有用な手段と考えられているのであろう。しかし，平時の憲法・法令秩序を大胆に書き換える制度設計の妥当性が問題である。また，復興の実質的成果の面でも，復興の内容的方向性（安全対策の選択や復興まちづくり像）が妥当でない場合，間違った方向へ迅速に進む結果をもたらす危険がある。

■ 限られた住民参加

　復興庁に強力な権限集中を行う復興法であるだけに，復興の内容的適正化を担保するために住民による意思決定参加制度は一層重要である。しかし CERA 法の住民参加制度は極めて限られている。

　住民参加の主体として，カンタベリー復興大臣が任意に選ぶ20人以上の住民から成る "community forum"（6条）と，カンタベリー復興大臣が地元選出議員を招聘して組成する "cross-party forum"（7条）が言及されている。前者が住民の声を直接聴く直接民主主義の機会で，後者は選挙された議員を介した間接民主主義という発想であろう。しかしわずか20人程度の community forum の声にどのような代表性を期待できるのか定かでなく，参加できる住民の資格も代表母体も，何ら明らかにされていない。

第5章　被災者主体の復興まちづくりへ向けて ～法制度の課題～

また，「復興方針」や「復興計画」の策定過程において，これら forum の役割は全く触れられていない。すなわち「復興方針」の策定過程では少なくとも1回以上の公聴会（public hearing）を行わねばならないとするが，公聴会に参加できる市民の範囲等の詳細は CERA 長官の裁量に委ねられている（12条）。「復興計画」の策定過程では対象コミュニティとのコンサルテーションを行うものとし（17条1項），草案完成後は意見聴取のために公開されるが（20条），しかし，こうしたコンサルテーションや公聴会等の住民参加手続の詳細はカンタベリー復興大臣の裁量に委ねられている（19条）。この過程で community forum や cross-party forum の役割は何ら言及されていない。このように，CERA 法の市民参加手続は限定的で，復興の意思決定は，復興行政の裁量権限に委ねられている。

総じて CERA 法の復興手続の特色は，中央集権的な裁量権限の集中による復興の迅速化を旨とし，復興の内容決定における地方行政の役割や住民参加を限定する傾向があったと理解できる。

2012年1月時点の筆者の現地調査では，CERA の部長クラス3人に面会し，彼らが中央から派遣された役職でありながらも，クライストチャーチ出身者であり，復興への思い入れが著しく，身命を賭して裁量権限を行使する姿に接した。たとえ住民参加が阻害されても，行政主導により迅速な復興の達成を重んじるという，一つの明解な制度選択が彼らの発言に顕著に現れていた。

■ 監督制度

復興の監視機関として CERA 法が想定するのは，カンタベリー復興大臣が任命する復興点検委員会（Recovery Review Panel）であり，現役・退職裁判官か弁護士でなければならない（72条）。しかし同委員会による点検は，カンタベリー復興大臣から諮問されて3日以内という極めて短期の期限が設けられている（73条3項）。

CERA 大臣の行政命令に対しては，高裁や控訴審裁判所への控訴が認められているが，命令から10日以内という極めて短い除斥期間が設定されている（78-79条）。

102

6 示唆

「復興」の目標とは何か，誰がいかに選び取るのか。本稿では，東日本・アチェ・四川・クライストチャーチの研究協力者との合同調査から引き出された観察結果を通して，各国の災害復興法制の構造と適用実態を概観した。「誰が」「いかに」の問いに対して，日本の復興特区法や大規模災害復興法は，国土交通省中心の復興行政が，「特区方式」により一般法規の規定する関係各省庁の許認可権限を捨象して復興事業を集中決定・実施する枠組みを定立した。ニュージーランドの CERA 法も，一般法規の適用を大幅に排し，復興大臣・復興庁に非常時の特別権限を集中した。災害復興を非常対応とみなすことで，一般法規を規制緩和し，迅速かつ大胆な復興事業を可能にする狙いが，そこには共通する。

これに対して，アチェの津波復興過程では，州条例が村落の自治権を認知し，また各村落の慣習的な意思決定手続を重んじ，各村が各々の安全と生活の選択を自主決定した。中国四川地震の復興条例でも，都市部については多くを規定しないけれども，農村部の復興については，農村土地経営法や物権法等の既存法規が規定する参加型意思決定手続を堅持し，「復興」を非常時とみなして規制緩和を正当化する態度は採られていない。ただし，実際の運用は上意下達の主導色が否めないものであったと見受けられる。

災害復興法制が，復興の選択権を「誰」に賦与し「いかに」選択させるかの設計次第で，復興の態様が大きく異なってくることが教訓として引き出される。震災 7 年の東日本では今なお 3 万世帯が仮設住宅での生活を余儀なくされている。クライストチャーチの復興は，2017 年 12 月時点の筆者の現地調査では，CERA の裁量権限で強制収用の行われたレッド・ゾーンは立ち入り禁止地帯として手つかずのままであり，また，被災者の住宅再建は強制保険制度の運用問題も相まって遅延していた。他方，アチェの RALAS は 3 年で終了し，四川の復興では 3 年の計画を 2 年で完了した。迅速性を旨とする行政主導手続を選んだ東日本やクライストチャーチよりも，住民参加型の意思決定手続を選択したアチェや四川の復興が，結果として迅速であったことは皮肉である。しかし

第5章　被災者主体の復興まちづくりへ向けて ～法制度の課題～

「復興」をスピードだけではなく，安全と生活を両立する質的な目標達成度で評価するとき，アチェにおける安全対策の不足や，四川における生計手段の喪失に目が向けられねばならない。

　仙台防災枠組が「復興」を焦点化した今，その監督や評価手法の確立が求められている。そこでは事業レベルの費用対効果やスピード感を問う効率性評価のみならず，復興のそもそもの目標達成を問う有効性評価が不可欠となっていく。日本の復興庁や被災県による現状の復興評価は，アウトカム評価がなされておらず，あたかも「復興」の目標設定を復興事業の進捗と同一視する姿勢がある。CERA の終了時評価も会計監査の域を出ていない（Controller and Auditor-General of New Zealand, 2017）。国境を越えた復興経験から学ぶ比較研究の深化のためにも，有効性評価手法の確立は急務であるが，その前提である「復興」の目標の明確な定立のために，意思決定手続の構築が待たれている。

【注】

1) 本稿は，岩手大学地域防災研究センター松岡勝実教授，シャクアラ大学津波防災研究センター Taqwaddin Husein 講師，四川大学災害復興科学研究院・顧林生院長，カンタベリー大学法学部 E. Toomy 教授ほかによる研究協力により得られた知見を基に作成した。

2) 大東水害訴訟（最高裁判決昭和 59 年 1 月 26 日・民集 38 巻 2 号 53 頁）ほか。

3) 中央防災会議では，今後の津波対策の構築に当たっては 2 つのレベルの津波を想定する必要があるとした。発生頻度は低いが甚大な被害をもたらす最大級の津波（レベル 2）と，発生頻度が高く一定程度の被害をもたらす津波（レベル 1）である。

4) 区画整理事業の事業計画決定について行政訴訟要件たる「処分性」を否定する根拠とされてきたいわゆる青写真判決（最高裁大法廷判決昭和 41 年 2 月 23 日・民集 20 巻 2 号 271 頁）は，平成 20 年（2008 年）の最高裁大法廷判決（平成 20 年 9 月 10 日・民集 62 巻 8 号 2029 頁）によって判例変更された。

5) 本稿で使用した略称法令名は，総務省行政管理局 e-Gov 電子政府の総合窓口（http://elaws.e-gov.go.jp/search/elawssearch/elaws_search/lsg0100/）を参考にした。

《参考文献》

- 金子由芳 2015「アジアの災害復興における私権補償と司法アクセス」(『国際協力論集』22巻2・3号, 1-42頁)

- Chen L, (2014) Legal and institutional analysis of land expropriation in China, in Fu H & Gillespie J eds., *Resolving land disputes in East Asia : exploring the limits of law*, Cambridge University Press

- Controller and Auditor-General of New Zealand, (2017) *Canterbury Earthquake recovery authority : assessing its effectiveness and efficiency*

- Fitzpatrick D, (2012) Between custom and law: protecting the property rights of women after the tsunami in Aceh, in Daly P, Feener R M, Reid A, eds., *From the ground up: perspectives on post-tsunami and post-conflict Aceh*, ISEAS-Yusof Ishak Institute

- Gu L, Xiang M & Li Y, (2017) Evaluation of six years of reconstruction since the 2008 Sichuan Earthquake, in Hokugo A & Kaneko Y, eds., *Community-based reconstruction of society: university involvement and lessons from East Japan compared with those from Kobe, Aceh, and Sichuan*, Springer

- Husin T & Alvisyahrin T, (2013) Role of community and communal law of Aceh in the Great Sumatra Earthquake and Tsunami recovery: a case study in Lambada Lhok Village, Aceh Besar district, Aceh, Indonesia, *Journal of International Cooperation Studies*, Kobe University, Vol.21, No.2-3, P.63-79

- Toomy E, (2016) The complexities of land acquisition and zoning after the Canterbury New Zealand Earthquake, in Kaneko Y, Matsuoka K & Toyoda T, eds., *Asian law in disasters: toward a human-centered recovery*, Routledge

- White M, (2016) Lessons from the Canterbury Earthquakes, in Kaneko Y, Matsuoka K & Toyoda T, eds., *Asian law in disasters: toward a human-centered Recovery*, Routledge

第5章 被災者主体の復興まちづくりへ向けて 〜法制度の課題〜

コラム 「伝える」ことの大切さ〜報道の立場から〜

長沼 隆之（神戸新聞社編集局報道部）

　阪神・淡路大震災から23年余り（2018年現在）が経過した。あの激しい揺れが刻み込まれた身には，ついこの間のように感じられてならないが，現実には，記憶の継承が課題になるほどの長い歳月を重ねてきた。

　震災の体験と教訓を正しく伝え，次の災害への「備え」に生かさなければならない。これは，今も続く神戸新聞社の震災・防災報道の大きなテーマだ。その後の新潟県中越地震，東日本大震災，熊本地震など各地で起きた大地震の被災地取材でも，悲劇を繰り返さないために何が必要なのかを問い続けてきた。ただ，時間がたてばたつほど，震災の経験者は減っていく。阪神・淡路大震災の被災地では，人口の自然減及び社会減により，既に4割が「震災を知らない市民」となっている。だからこそ，震災の風化を防ぎ，体験を伝承する取り組みを強めなければならない，といえる。

　震災から20年となる2015（平成27）年1月，神戸新聞社は震災の教訓を次世代と国内外に発信するため，6つの提言を発表した。被災者の生活再建や地域再生に課題を残した反省から「市民主体の復興の仕組みを確立する」▷国の防災や災害対応の一元化を求める「防災省の創設」▷命を守る最低限の備えとして「住宅の耐震改修の義務化」－などである。

　提言の基調には「災害と共に生きる覚悟」がある。災害列島にあって防災・減災はもとより，より円滑な復旧・復興を成し遂げられるような枠組みが必要と考えた。提言の実現には国レベルの合意が欠かせないため，いつ起こるかわからない災害を「わがこと」と感じる人の広がりが大きな力となる。被災者が当時の経験を語り続けるのも，専門家が警鐘を鳴らすのも，災害を「わがこと」と受け止め，備えなどの行動につなげる人が増えてほしいとの願いにほかならない。

　だが，そうした意識はなかなか広がらない。大都市を襲った直下型地震の阪神・淡路大震災では，犠牲者の8割近くが住宅の倒壊による「圧死」であり，とりわけ現行の耐震基準が義務付けられる1981（昭和56）年以前に建てられた「旧耐震基準」の住宅に甚大な被

害が出た。しかし，その後も耐震化は進まず，震度6弱以上の地震で倒壊の恐れのある住宅の耐震化率(持ち家)は全国平均でわずか3.9%，兵庫県内でも5.8%に過ぎない。大震災を経験し，さらに南海トラフ巨大地震が30年以内に70%程度の確率で発生するとされる兵庫でもこの状況である。熊本地震の被災状況は阪神・淡路大震災と重なる部分が多く，建物倒壊で多くの命が失われた点も共通する。東日本大震災後，津波被害に目が向きがちだったが，住宅の耐震化は備えの基本である。さまざまな方法で改修を促し，命を守るための対策を急がなければならない。

被災体験を越えた「被災地責任」というものがある。これは，被災したときに多くの方々に支援していただいたものをどうやってお返しするかということである。私たちには「神戸には大きな地震はない」と思い込んできた反省と，危険性を事前に伝えられていれば犠牲者を少しでも減らすことができた

写真1　1995(平成7)年1月17日の神戸新聞夕刊。地震で本社が全壊したため「緊急事態発生時の新聞発行援助協定」を結んでいた京都新聞社で制作した

第5章 被災者主体の復興まちづくりへ向けて 〜法制度の課題〜

かもしれないという後悔のほか,救える命を救うための情報を発信し続けなければならない「責務」がある。

地元の新聞社として,災害報道は続いていく。その究極の目的は,人の命を救うことだ。地震や津波で死んではいけない。災害で助かった命をその後の避難生活などで失ってはならない。記事が「わがこと」に立ち返って考えてもらうきっかけになれば,と切に願う。それは,震災の遺族らが語り続ける思いとも重なる。

震災を知らない世代は増えていく。記事にもより工夫が求められる。住民とともに地域を歩き,その地域でどんな情報が求められているのかを掘り下げていく。住民が「命を守る」ための実践行動に結び付けていくためにも,「情報の受け手との新たなコミュニケーションを作り上げていく」ことが欠かせない。「救える命を1人でも多く」の思いを,次代に愚直に伝え続けていく。二度と「想定外」という言葉を使わないために。

写真2　阪神・淡路大震災の約20年前,神戸への直下型地震の恐れを指摘した神戸新聞夕刊［1974（昭和49）年6月26日］

第 **6** 章

学生のボランティア活動 課題とこれから
～ 災害ボランティアを通じて ～

東末 真紀
神戸大学学生ボランティア支援室

本稿では，阪神・淡路大震災を契機に災害・被災地ボランティアとして活動する学生ボランティア団体の活動方針や内容，学生たちが被災地で地域や住民とどう関わっているか，どのようなことを考えながら活動を計画実施しているか，ボランティアコーディネーターとしてどのような支援をしているのかを紹介する。現地活動を実現するプロセスが学生にとってどのような意義があるのか，また，大学の課題についても考えを述べる。

キーワード
災害ボランティア　寄り添い
プロでないよそ者・若い世代　伴走型支援

第6章 学生のボランティア活動 課題とこれから〜災害ボランティアを通じて〜

1 はじめに

　熊本地震が起こったのは，2016（平成28）年4月，学生ボランティア支援室のコーディネーターとして着任した日の夜だった。現地はたびたび大きな余震に襲われ，被害の全容がなかなかつかみづらい中で，神戸大学内の災害ボランティア団体が動き出し，大学として学生の活動をどう応援するのかが私のコーディネーターとしての仕事の始まりとなる。ほどなくして学内に熊本を支援する新規団体が立ち上がり，2017（平成29）年7月の九州北部豪雨の際も災害ボランティア系団体を中心に，何かしなければならないのではという機運が高まり，また，新たに団体が立ち上がろうとしている。大学側が明確にそそのかしたわけではないのに，なんという機動力だろう！報道で同情はすれども行動につながる市民はそう多くないだろうに，神戸大学生って本当にすごい，と心底驚き，感動している。

　学生ボランティア支援室の支援対象は災害だけに限ってはいないのだが，これまでの経緯から特に災害ボランティアやそこから派生した各種テーマで活動する団体との距離が以前から近い。ここでは，阪神・淡路大震災からの学生ボランティア団体の経緯を紹介したのち，この1年半ご一緒する機会が多かった2つの団体との関わりから，学生のボランティア活動の現状とこれからを報告するほか，支援に対する課題について考えを述べていきたい。

写真1　地元学生の案内で阿蘇大橋付近の被害の大きさを臨む

2 阪神・淡路大震災を経験して
　～学生ボランティア団体の経緯～

　神戸大学の学生ボランティア団体は震災前に組織されていたものもあるが，1995（平成7）年1月に起こった阪神・淡路大震災によって活動に広がりを見せた。

　神戸大学では，学生39人，教職員3人，生協職員2人が亡くなった。負傷者は教職員・学生あわせて556人に達した。また，海事科学部の前身である神戸商船大学では，学生5人，研究生1人が犠牲になった（神戸大学ニュースネット委員会）。被災した地域の大学として専門的知識や技術を被災地域に還元すべく，医学部をはじめ各学部の学生たちが避難所や被災現場で活躍した。震災前に設立された学生団体「Truss（トラス）」は，留学生センターを拠点に留学生の生活面の支援を展開した。さらに学生の主体的な活動として，大学に避難してこられた避難者に対するケアを展開する「神戸大学学生震災救援隊」が生まれ，近隣地域からのさまざまなニーズに応えるべく「神戸大学総合ボランティアセンター」が組織されることとなった。このボランティアセンターは当初から学生自身が運営するものであり，学生団体の一つとして現在も活動を展開している。その後さまざまなテーマで活動する団体やグループがいくつも誕生し，NPOや地域にも支えていただきながら活動を展開してきた（詳しくは，神戸大学震災研究会編「大震災100日の軌跡」参照）。

　災害・被災地ボランティアに限っていうと，「神戸大学学生震災救援隊」はその後大きな災害が起こるたびに現地に赴き，被害を受けられた方々に寄り添う活動を続けている。2007（平成19）年に起こった能登半島地震で現地活動を展開してきた「KOBE足湯隊」は10年目を迎えたこの春に，卒業された先輩方と改めて能登を訪れ，復興に尽力された方々のお話に耳を傾けている。

　2011（平成23）年の東日本大震災のおり学生自らの声で立ち上がった「神戸大学東北ボランティアバスプロジェクト」は，以後6年半たった今も岩手で被害を受けられた住民との交流活動を展開している。2016年熊本地震の際に設立された「神戸大学持続的災害支援プロジェクトKonti（コンティ）」は，大きな被害を受けた地区の地域コミュニティの維持発展のために2017年度か

第6章 学生のボランティア活動 課題とこれから〜災害ボランティアを通じて〜

らは月に1度活動しながら，地域とつながり続けている。この2つの団体については，この1年半現地に同行しているので，のちに経緯と現状を述べる。

3 阪神・淡路大震災を経験して
   〜学生たちが紡いでいるもの〜

　神戸大学の災害・被災地ボランティアが被災各地で足湯活動を展開しているのは，神戸・兵庫の市民活動業界の中でも認知度が高い。それは，阪神・淡路大震災以後のボランティアを通じて学んだ基本的な態度「一人ひとりの声に寄り添う」を手段で表したものであり，20年余りたった今も災害・被災地支援で活動する学内団体に継承されている。また，被災地域に拠点を置く学生団体などにも広がりを見せている。

　阪神・淡路大震災ではたくさんの教訓があった。とかく震災を契機に誕生した市民活動団体や，震災直後から復興のプロセスの間でご苦労を重ねた市民は，それらを震災経験のない世代や層にちゃんと伝えていけるのだろうか，という心配が大きくあったように思う。しかし，学生の世界では，細々かもしれないがそれでも一番大切にしなければならないそれらは着実に伝わり，世代を超えてつながり，各地の災害をきっかけにそのエッセンスはさらに広がっている。もしも「若い世代に伝わっていないのでは？」と心配される方がいらっしゃるなら，安心してほしいと伝えたい。

写真2　足湯・手もみで"つぶやき"に耳を傾ける

4 神戸大学東北ボランティアバスプロジェクトの活動経緯と現状

■ 東北ボランティアバスプロジェクトのこれまで

　神戸大学東北ボランティアバスプロジェクトは2011年4月末からボランティア活動を展開している。復興のフェーズによって活動内容は変わってきているが，直後はがれき撤去や泥の掻き出しなどの環境の整備からはじまり，仮設住宅の住民同士のつながりをお手伝いする活動や，住民ワークショップのお手伝い，個々の仮設住宅の暮らしを（少しでも）よくするお手伝いを経て，ここ最近は仮設住宅で暮らしている方々のお話し相手や交流活動に移行してきた。

　そもそもこの団体が立ち上がったのは学生の声があったからだと聞く。東日本大震災の発生後，マスコミから流れてくる大きな被害を見て，学生自身が何かできないだろうかと動き出したのがきっかけだった。被災地NGO協働センターなど市民活動団体の力も借りながら先遣隊が到着したのが岩手県陸前高田市の和野という地域で，そこから岩手県沿岸部，特に陸前高田市，釜石市，大槌町，山田町に活動は広がった。当初は大型バスを借り切って一度に大人数を現地に送り込んでいたが，現在は釜石・大槌・山田の各市町担当班と陸前高田担当班に分かれ，各班で最大16人，2班合計で年間6〜7回程度の活動になっている。

　当初から兵庫県や神戸市，民間の助成金，神戸大学基金や育友会から補助などを受けながら実施してきたプロジェクトは，2017年9月末現在で活動回数は61回，延べ1,634人の学生を現地に送り込んできた（図1）。現地

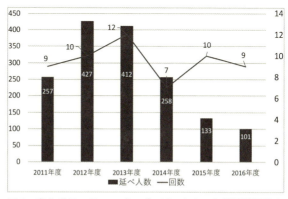

図1　東北ボランティアバスプロジェクト　年間活動回数と参加者推移

第6章　学生のボランティア活動　課題とこれから〜災害ボランティアを通じて〜

の活動を企画するのはほぼ学生であり，学生ボランティア支援室のコーディネーターは活動に同行し，活動のコーディネートや活動内容の評価，助言だけでなく，助成金・補助金申請と処理など事務的なものの支援を担っている。

■ 被災地の現状

　現地の方々からは「6年も聞き続けてくれてありがとう」とよく声をかけられる。そしてあわせて「これからも忘れないでほしい」という言葉をお聞きする。現地は今，6年近く慣れ住んだ仮住まいの仮設住宅コミュニティからそれぞれが選択した恒久住宅があるコミュニティへ大きく動くフェーズに入っている。仮住まいが続いている方は「取り残されてしまっているのでは」という気持ちを抱きやすい状況にあり，すでに新たな住まいに移り住んだ方でも，うまくやっていけるか不安を感じている方は大勢いらっしゃる。ほかの地域では生活環境の変化に負担がかかったのか，体調を崩して施設に入院したとか，孤独死の事例も聞こえてくる。そしてどの方も災害で受けた，癒えきらない「喪失感」「悲しさ」がまた大きく襲ってくるかもしれない。

　暮らしの復興にめどがついたわけではないが，6年半を過ぎた被災地で外部ボランティアの姿を見かけることは少なくなってしまった［詳しくは，災害ボランティアセンターで受け付けたボランティア活動者数の推移（仮集計）を参照］。被害の大きさには違いがあっても，この災害でどの方も大切なものを失い，生活に変化があったはずだ。そしてこれからは，個々が抱える「暮らし」の問題はそれぞれの生活背景によ

写真3　住民さんとの畑作業の合間に"ホヤ"を頂く

114

ってさらに個別化していく。そもそも災害で人口が大きく減ってしまっているのに，生活復興で大変な思いをしている家族や地元だけで助け合って暮らしていくのはなかなか大変であろうと想像する。一人ひとりが安心して暮らすことができる地域づくりを地域復興のゴールとするならば，地元だけに頑張らせず社会全体で関心を寄せ支えていく必要があるのではないだろうか。むしろこれから，よそ者にこそ役割があるのではないだろうか？

■ 学生の活動のこれから

　住民さんが暮らす場所が大きく変化しているのに比例して，学生の活動も活動場所や内容，目指したい姿の見直しが進んでいる。

　2017年9月から一つの班がトライしている活動は，新しくできた高台にある地区の集会所での交流活動である。地元NPOに協力する形で，被災前からそこに暮らす住民と新しく移り住んできた住民との共通の思い出を作り，住民さん同士が緩やかにつながっていくことを目指している。さらに，学生自身が住民さんとの交流を通じてその地区に流れる文化や暮らしに寄り添い，外部に発信していく予定で，それを通じてそれぞれの暮らしにさらに潤いや誇りが戻れば，という願いが込められている。どのように実現していくかプログラムデザインには苦労しているが，地元との丁寧なコミュニケーションを欠かさなければ，きっと互いにとって豊かな場を共有することができるだろう。もう一つの班は，自分たちがどこまでどう寄り添っていけるのか，現地のコーディネート団体の助言をいただきながら，これまでの活動の形にこだわらない新たなものをなんとか見つけようと日々模索している。

　どちらの班もこれまで活動を通じて，学生たちが体験し，学んだことは大きい。学生たちは現地の土地や人々にとても親しみを感じていて，「これからも東北に行き続けたい」と言っている。学生の一途な姿を見続けていると，コーディネーターとしてはその気持ちを実現してあげたいと思う。しかしボランティア活動である限り，どんな必要があって行くのか，必要なものに応えられる力があるのかが常に問われる。現地もなじみの学生が聞き続けてくれることを喜んでくれているかもしれないが，もしかすると受け入れるのに正直疲れを感

第6章 学生のボランティア活動 課題とこれから〜災害ボランティアを通じて〜

じているかもしれない。さらに地元住民に対して一部の地元の支援者が「昔は自分たちでできていたはずなのに…」「自分たちでできることはやってほしい」と言っている声も聞こえてくることもある。ボランティアは少なくとも地元の負担になってはいけないし、結果的に住民が持っている力を奪ってしまうような活動になってはいけない。（長期的に）地元のためにならないと評価すれば、いくら学生が望もうとも現地活動にストップをかける必要が出てくるかもしれないと感じている。

　一方で、一人ひとりの住民さんの暮らしに意識を傾けると、先に述べた通りもっと社会全体で支えあえるような仕組みやそれを許す規範が現地にもっと生まれてこなければ、安心して暮らせる地域に戻るのは難しいと感じている。東北ボランティアバスプロジェクトの活動が地元にとって直接的なきっかけになるのは距離的に難しいかもしれないが、若さと一途な気持ちがそのようなところへつながる階段の一段として役に立てないだろうか？

地元コーディネート団体、被災地支援の専門家たち、そして現地の住民さんたちとともに悩みながら、少しでも豊かな機会が紡ぎだせるよう、コーディネーターとしてもう少し伴走し見守っていきたいと考えている。

写真4　神戸大学内災害ボランティア団体同士との意見交換

5 神戸大学持続的災害支援プロジェクト Konti の活動経緯と現状

■ Konti のこれまで

Konti とは，団体の理念となる Continue & Contiguity（継続とよりそい）の頭文字 Conti の頭を"K"に変え，Kobe からという意味を込めて名付けられた団体で，設立は 2016 年 5 月である。熊本地震で大きく被害を受けた熊本県西原村出身の神戸大学生が東北ボランティアバスプロジェクトの参加者におり，本人とともに救援物資を現地に送るなどの活動が大きなきっかけとなった。東北ボランティアバスプロジェクトの経験者と九州出身の学生などが集まり，現地活動は 6 月から開始され，2017 年 9 月末までの間に 11 回，延べ 113 人の学生を現地に送り込んできた。

ちなみに，東日本大震災以後も大きな災害が起こっており，いくつかの既存団体は現地活動を行っているが，新たな団体が立ち上がり，継続的に活動をしよう，となったのは熊本地震までなかった。のちに中心となっている学生が「熊本地震の報道だけでは行動につながらなかったかもしれない。やはり，身近に困っている学生がいたから立ち上げようとなったと思う」と話していたのは，興味深い。

団体の名前にある「持続的災害支援」という言葉は，"その土地に思い入れのある若者を増やし，団体として行けなくなっても個人的に向かったり，将来何十年と熊本に関わる人をはぐくむことが必要だ"という意味である。理念に掲げる「寄

写真 5　倉庫解体のお手伝い

第6章 学生のボランティア活動 課題とこれから〜災害ボランティアを通じて〜

り添い」は"被災者と支援者ではなく，人と人としてコミュニケーションをとる。どんな活動においても，その先にいる相手のことを考える。目指すのは，住民さんが主体性を持つこと"である。これらは，熊本や九州に親しみを持つ九州出身学生の思いや，災害ボランティアを経験した学生が得た学び，さらに阪神・淡路大震災や東日本大震災でボランティア活動を展開してきた先輩方から緩やかに伝わっている教訓が盛り込まれたものとなっている。

Kontiが行う活動は3つの特徴がある。一つ目は現地における被災された方々の心によりそう活動として，解体前家屋の片付け／石垣やあぜ道の補修／田畑の修復／農作業のお手伝いといったような作業系の活動のほか，仮設集会所などでのお茶会や住民との協働のイベント開催など，住民同士が気軽に集まって語らえる場づくりを行っている。また，よそ者にだから言えるかもしれない個別の語らいの場として，足湯の活動や戸別訪問を行うなど，対象者に合う形で活動を展開している。

もう一つは，設立当初から熊本県内の学生たちとネットワークを構築している点だ。たとえ神戸からボランティアを送り込めなくなってしまったとしても，九州出身者のメンバーが長期休暇などで地元に帰ったときなどに気軽に活動できるように，という思いから動いている。現時点では長期休暇にはKontiも現地活動を行っているので神戸大学生が熊本の学生たちの活動に参加するというケースは聞いていないが，Kontiの活動に熊本の学生たちが参加するなど面白い動きになっている。

もう一つは，熊本での活動は参加できないが関心のある方に参加してもらえるよう，勉強会や交流会を開催している点だ。最近はなかなかマスコミでは取

写真6　熊本県内学生との意見交換会「こぐま会議」

り上げられない現地の様子や住民さんの生の声をこの会合を通じて発信できるとともに，学生がどのようなスタンスで活動を続けているか報告できる場になっており，大学生だけでなく関心のある社会人，支えてくださっている方々の参加もあるなど，いろんなトーン・関心を持つ方に来ていただける場を提供し続けている。

■ 被災地の現状

　今年（2017 年）5 月，西原村 reborn ネットワークが中心となって開催した，村の方々自身がこれまでを振り返る「西原村大座談会」に誘っていただいた。大きな地震が 2 日間で 2 度も襲ったことで，インフラ・家屋・生業に大きな被害がでてしまったこと，その中で，地域住民が協力し合って避難所運営をしてきたこと，現在は仮設住宅などで仮住まいをされている方と，元の家屋を修繕し暮らしている方とでコミュニティがバラバラになってしまっていること，地域をどう復興させていくのか地域の人々が何度も話し合いを繰り返していることが紹介された。そのような中で他地域の方々を含むボランティアの支えが心強かったという感謝の言葉や，恩返しをするためにいい地域に復興させていきたいというお話があった。

　その座談会に参加した学生が「気になる」と言ったのは，借上げ型仮設住宅（以下，みなし仮設）に暮らしていらっしゃる方の存在だった。発表の中で，住み慣れた地区を離れみなし仮設で暮らしていらっしゃる方は，情報が届きにくかったりちょっとした情報や気持ちの共有の機会や場が少ないこと，毎日余裕がなく，焦っている気持を吐露された。そもそも慣れないところでの暮らしはとても心細いだろうし，みなし仮設では同じ境遇の人の存在も見えにくい。地域支え合いセンターがみなし仮設で暮らしている方々に向け情報発信や見守りを行っているが，訪問は実質 1 カ月に 1 度が精一杯と聞く。地域から離れざるを得ないような方々が，忘れられているとか見捨てられているとかを感じないような村や地域とのつながりをどう保っていけるかが目の前の課題の一つだろう。

　今後，住宅再建に伴い地域の立て直しも進んでいくだろうが，地域によっては住民が大きく減ってしまうところも出てくるだろう。また，そうでなくとも，

第6章 学生のボランティア活動 課題とこれから〜災害ボランティアを通じて〜

それぞれのご家庭が生活再建に追われている。それぞれが健康に過ごし、さらにこれまで地域のつながりを紡いできた地域内での共同の営みを途切れさせることのないようにするには、今しばらく外部のマンパワーが必要であると考えている。

■ 学生の活動のこれから

　今年度（2017年度）に入ってからKontiは2つの地域に月に一度顔を出し一軒一軒戸別訪問を重ねて住民一人ひとりのお話に耳を傾けているほか、地域のキーパーソンと打ち合わせを重ねいろいろな方が来ることができる集まりの場を企画し、地域づくりに向けた場づくりを仕掛けている。12月に行うイベントではみなし仮設の方にもぜひ来ていただきたいと、地域支え合いセンターと相談し情報発信の方法を検討している。実際にはなかなか来られないかもしれないが、当人たちに忘れていないという気持ちだけでも届けば学生も地域もうれしいだろうと思う。そしてこれからもKontiが地域での活動を手助けすることで、地域の方々の顔合わせの機会が増えるだけでなく、キーパーソンの負担が軽くなったり、どうしようかなと迷っている「アイデア」実現の後押しとなる存在になれば、学生もうれしいだろう。

　学生たちは「どうして地域やコミュニティが大事なのか？」や、「そもそも地域やコミュニティって何なの？」との問いをもちながら活動を続けている。この問いは、我々大人の世代が当たり前のように言ってしまっている認識を理解するだけにとどまらず、こ

写真7　多世代がそれぞれの役割を発揮したそうめん流し

れからの地域づくりに本当に必要な地域やコミュニティは？を問っているように感じる。現地の方々が学生とともにする時間は，それをつむぎ出すきっかけになりうるかもしれない。我々はボランティアなんだということはけっして忘れてはならないが，それでも相互に得られる気づきがより豊かになるよう，コーディネーターとしてお手伝いできればと思っている。

6　大学でのボランティア活動の支援の課題

　ボランティア活動を続けている学生たちは，活動を通じて地域の中にある問題に触れ，その原因はどこから来るものなのか，どうすれば少しでも解消するのか，その中で自分たちでできることは何なのか，誰とやればできることはもっと広がるのか，という地域の問題解決に向かって考える営みに日々向き合っている。これは今後地域社会で暮らす市民全員に必要なスキルであり，それを大学のうちに経験できるのは自身の経験から大変貴重だと思っている。学業やバイトなど，日々の生活だけでも多くの時間が割かれてしまうので，大学以外のところでボランティア活動を展開できる学生はたぶん数少ないだろう。そのような背景から，大学自体がボランティア活動を応援する機運がもっと高くなればいいなと思うが，実際はここ1～2年の間でも何か薄くなってしまっている感が否めない。阪神・淡路大震災以後，学生たちは忙しい生活の中で頑張ってきたその歴史に心を寄せると，現

写真8　自分たちができることは何か？活動から振り返る

状が少し残念に感じてしまう。

　また，大学ではボランティア活動の評価について「どれだけ学生の学びになるのか」という部分がどうしても際立ってしまうところが，市民活動業界にいた私にとっては違和感でしかない。ボランティアを受け入れる現場としては，もちろん学生たちの学びになるということはよく知っておられるが，そればかりでこられるとしんどい関係になってしまう。そうならないよう，どの学生たちも対象としている方や地域にどうしたら役に立てるのかに心を砕き，汗や時に涙を流しながら活動しているが，その活動が対象者や地域にどのような成果を上げているのかというボランティア活動にとって一番大事なところは，これまであまり関心を寄せられたことがなく，非常に残念に思っている。いくら大学が活動の応援体制を厚くしてくれたところで，学生たちが何を学んだのか，というところばかり求められると，現場で展開する活動も自己満足なものになってしまうかもしれず，それは現場にとってもこれから社会に出る学生たちにもよろしくない不幸なものになってしまうだろう。

　さらに学生ボランティア支援室は活動で得られた経験や学び，次の活動を深化させていく作業をバックアップしていけたらと考えているが，なかなか手が回っていない。そこまで踏み込むには，いくらボランティアに精通している人材がコーディネーターとして配置されたとしても，現場の共通体験がないと無理である。これを実現できる支援室の体制作り（業務の棚卸含む）も急務だと感じている。

7　おわりに

　学生たちの活動現場にふれるにつれ，いかに現地の方々に支えらえているか，この立場に立って改めて知ることとなった。今回活動を紹介した2団体について，これまで各市町村の方々と時間を共にする中で，岩手県陸前高田市和野地区の皆様，陸前高田市内各仮設住宅自治会，NPO法人陸前たがだ八起プロジェクト，陸前高田市復興支援連絡会，NPO法人＠リアスNPOサポートセン

ター,大槌町社会福祉協議会,大槌町浪板交流促進センター,大槌町浪板地区の皆様,山田町社会福祉協議会,被災地 NGO 協働センター,熊本県西原村風当・畑地区の皆様,西原村地域支え合いセンター,西原村 reborn ネットワーク,わかば Meeting,NPO 法人にしはらたんぽぽハウス,南阿蘇復興支援センター,東北大学課外・ボランティア活動支援センター,岩手大学三陸復興サポート学生委員会,熊本県立大学,熊本大学復興ボランティア活動支援プロジェクトの皆様には特に協力いただいた。そして, 兵庫県 企画県民部 防災企画局 復興支援課,神戸市 市民参画推進局 参画推進部 市民協働課,ひょうごボランタリープラザ,中央共同募金会(赤い羽根共同募金),大和証券福祉財団,Yahoo! 基金,しみん基金・KOBE,個人でご協力くださっている皆々様にも活動を支えていただいている。

　先日「ボランティアと社会貢献活動」の授業で,被災地 NGO 協動センターの村井雅清さんは「(ボランティアは)何もできないかもしれないけど,何かはできるんじゃないか？何もできないかもしれないからこそ何でもできるのでは？」と語りかけてくださった。現場で学生たちはそう何度も自分に問いながら現場に向き合っている。学生たちが現場でふるまう柔軟でやさしい姿を見ると,またそこで感じてきたものを聞いてみると,「支援」に慣れきっているプロよりも,(自分たちの知識や力の限界を感じながらも)こんなにも真摯に向き合う学生たちの存在のほうが,生きづらい・暮らしづらいと感じる方々の勇気になるに違いないと思う。ボランティアをする学生がマンパワーとしか期待されていない現状がまだまだある中,それをこえるプロにも出せない力が学生たちにあることを,学生自身にも,大学にも,社会にも知ってもらえるよう,これからも日々仕事をしていきたいと思っている。

写真9 「この景色はぜひ！」と地元の方と展望台へ

第 6 章　学生のボランティア活動　課題とこれから〜災害ボランティアを通じて〜

《参考文献》

- 渥美公秀 2001『ボランティアの知−実践としてのボランティア研究−』（大阪大学出版会）
- 災害復興期における NPO の役割−阪神大震災・被災地での取り組みに関する調査−（神戸復興塾）
- 神戸大学ニュースネット委員会，忘れたらあかん!! 阪神大震災
  http://home.kobe-u.com/top/newsnet/sinsai/index.html（閲覧日：2019 年 1 月 9 日）
- 神戸大学震災研究会編 1995『大震災 100 日の軌跡 阪神大震災研究 1』（神戸新聞総合出版センター）
- 神戸大学震災研究会編 2002『大震災を語り継ぐ 阪神大震災研究 5』（神戸新聞総合出版センター）
- 「災害ボランティアセンターで受け付けたボランティア活動者数の推移（仮集計）」
  https://www.saigaivc.com/ アーカイブ / ボランティア活動者数の推移 /（閲覧日：2019 年 1 月 9 日）
- 東北大学 高度教養教育・学生支援機構 課外・ボランティア活動支援センター 2017『2016 年度課外・ボランティア活動支援センター紀要』
- 被災地 NGO 恊働センター 2017『足湯ボランティアが見た能登半島地震から 10 年の記録』
- 兵庫県編 2016（阪神・淡路大震災復興フォローアップ委員会監修）『伝える（改訂版）1.17 は忘れない−阪神・淡路大震災 20 年の教訓−』（ぎょうせい）
- "416" 編集委員会 2017『416 私たちがやったこと、未来へ伝えたいこと−平成 28 年熊本地震熊大黒髪避難所運営記録集−』

> **コラム** コミュニケーションの場をつくる被災地支援活動〜足湯とお茶会〜

伊庭 駿（神戸大学東北ボランティアバスプロジェクト）

2011（平成23）年3月11日，東日本大震災発生を受け，当時の神戸大学生が指導教員の了解を得て，活動を開始する。発災から間もなく現地の被害状況を把握するために少数の学生が先遣隊として神戸を発った。先遣隊が辿り着いた岩手県陸前高田市では，学生が行った物資運搬活動などから住民との関係が始まる。ここから神戸大学東北ボランティアバスプロジェクトの活動が現在まで継続的に実施されてきた。

現在に至るまで，この団体は宮城県気仙沼市，岩手県陸前高田市，大船渡市，釜石市，山田町，大槌町などいくつもの地域で，多種多様な活動を展開してきた。その中でも，この団体の活動の軸となる二つの活動が足湯とお茶会だ。

足湯活動では，たらいに入れたお湯に足をつけていただき学生が手もみを行いながら，住民と1対1の対話をする。足湯と手もみにより身体が温まると，やはり心身ともにリラックスしていただける。住民にとって神戸大学生というワカモノは，遠い神戸から来たヨソモノだ。そんな少し離れた存在，つまり近すぎない存在だからこそ，気兼ねをせずに話を聞かせてくださるかもしれない。こうして，住民が心に抱えて打ち明けられずにいる何かを，学生との対話をきっかけに吐露していただくことを目指してきた。

もう一つの軸となる活動，お茶会では，住民と学生を交えて会話や手芸などを楽しむ時間を作り上げた。現在に至るまで，東日本大震災の被災地では住民を取り巻く住環境が目まぐるしく変化を続け，地域コミュニティの希薄化が懸念される。この状況の中，住民が周囲の人間との関係を育むきっかけとなるよう，学生という存在を介して住民同士のコミュニケーションの場をつくることを目標としている。

震災／津波というできごとを経た後の生活が，住民一人ひとりにとって

写真1　岩手県陸前高田市で実施したお茶会活動（2017年3月）

第6章　学生のボランティア活動　課題とこれから〜災害ボランティアを通じて〜

受け入れられるものになること，これが震災復興ではないだろうか。その復興に少しでも近づけるよう，ほんの少しのお手伝いを続けてきた。まだ，復興とは言い難いかもしれない。けれども，かの地から離れたこの神戸から，一人ひとりの復興が叶うことを今も願い続けている。

コラム 地域と人をつなぐ被災地支援

稲葉 滉星（神戸大学持続的災害支援プロジェクト Konti）

　もしも自分の地元で，親戚のいる地で，旅行に行ったあの場所で，大きな災害が，しかも，自分はどこか別の場所にいるときに起きたら，あなたはまず何をするだろうか。とりあえず現地にいる知り合いに連絡を取る，最近だとSNS（ソーシャル・ネットワーキング・サービス）を見て情報を得たりもできるかもしれない。しかしそれらをした後，得られるのは安心ではないかもしれない。もし自分に親しい人やまちが無事でなかったとき，心を支配するのはどうしようもないもどかしさである。

　2016（平成28）年4月に熊本地震が起きたとき，同年1月に知り合ったばかりの後輩が，この状況におかれていた。熊本県阿蘇郡西原村出身のその子と神戸で連絡を取っていると，とにかく何かしたいという気持ちと，でも何もできないという現実に挟まれていることがわかった。そのようなジレンマの中で彼女は，救援物資を神戸から送りたいと私に連絡をくれて，一緒に現地の受け取り手や送り方などを調べて救援物資を郵送した。

　そのようなお手伝いをしていると，二つのことに気づいた。まず一つ目は，地元が被災した場合に遠方にいる大学生が感じるもどかしさである。発災直後に地元に戻ろうと考えても，現地にいる知人から来ないほうがいいと言われるケースが多いことを知った。支援者のツテもない人であれば本人たちも何ができるかわからず，やきもきするしかない。しかしながら，神戸でできる救援物資の郵送など遠方支援だけでは現地の状況もわからず，不安なことには変わりないことがわかった。二つ目は，そんな大学生がいるということである。西原村出身のその後輩だけではなく，九州出身のほかの学生も同じく地元や友人のために何かしたいと考えていることを知った。

　そのような状況に気づいて，九州に縁もゆかりもない私ができることを考えた。偶然にも大学1年のときから東北へ行くボランティア団体に所属していて，熊本地震当時は東北でのボランティア活動団体の代表をしていた私が考えたのは，熊本支援団体「Konti」を作ることだった。熊本に思い入れのあ

127

る人たちが現地に行って、きちんと現地の人の役に立てることができたら、お互いに良いのではないか。もともと、その土地に思い入れのある人たちはその土地の魅力を知っていて、災害復興支援をさらなるきっかけとして、その後何十年とその地域に寄り添っていけるのではないか。そんな思いで発足した。初期のメンバーは筆者と知り合いで九州出身の学生と、SNSで九州出身者の募集をして集まった人々たちである。初期のメンバーはボランティア未経験者が多く、活動の段取りや団体内での役割分担などで苦労する部分もあったが、ボランティアというものに興味のなかった人が災害などを身近に感じて何か行動するというきっかけを作れたのではないかと考える。

私たちの活動は、もちろん、現地において、災害に遭われた方々に対する支援が大きな目的である。しかしながら、この活動を通じて、被災地支援はそれにとどまらず支援したい側の人々の想いを運ぶことができることが重要だと考えるようになった。

もし自分の大好きな土地でなにかが起きたとき、すぐに立ち上がれる準備はできているだろうか。

写真1　神戸大学持続的災害支援プロジェクトKontiの1周年イベント。神戸市長田区にて熊本や神戸の学生・支援者とともに防災や「まち」について語らう（2017年5月）

第 **7** 章

海外での被災地支援
～ 声なき声に耳を傾けて ～

吉椿 雅道
NPO法人CODE海外災害援助市民センター

CODE海外災害援助市民センターは，1995（平成7）年の阪神・淡路大震災の際に世界約70カ国から支援を受けたことにより，「困ったときはお互いさま」を合言葉に被災地KOBEの市民によって立ち上げられた。その後，国内外で頻発する自然災害に対してCODEは，世界35の国と地域で62回の救援活動を行ってきた（2019年1月現在）。本稿では，その中でも著者が現地に長く滞在した中国・四川大地震（2008年）や現在でも支援を継続しているネパール地震（2015年）での復興支援活動を通じて，CODEというNGOの支援のありようを報告する。被災地の現場でCODEの大切にしている「最後のひとりまで」「寄り添う」を実践していく中で培ってきたNGOの経験則を見ていく。

キーワード

NGO　寄り添う　最後のひとりまで

第 7 章　海外での被災地支援～声なき声に耳を傾けて～

1　CODE の概要

　CODE 海外災害援助市民センター（以下，CODE）は，1995（平成 7）年 1月 17 日の阪神・淡路大震災を機に設立され，世界約 70 の国と地域からさまざまな支援をいただいた。

　その 4 カ月後に起きたロシアのサハリン地震の際に「震災支援のお返しを！」「困ったときはお互いさま」を合言葉に KOBE [1] の市民が支援を開始した。これが，CODE の前身である「救援委員会」の第 1 回目の救援活動である。その後，海外で頻発する災害に対して恒常的な組織の必要性から 2002（平成 14）年 1 月 17 日，震災 7 周年に CODE（"Citizens towards Overseas Disaster Emergency" の頭文字を取っている）が誕生した。設立にあたって構想委員会は，阪神・淡路大震災の復興，防災・減災に尽力してきた市民，研究者，ジャーナリスト，企業，行政，国際機関，NGO などの約 70 人で構成され，幅広い「市民」の集まる場として CODE を創設した（CODE, 2004）。CODE は，「最後のひとりまで」「支援から取りこぼされている人へ」「現地の内発性を大切に」「中長期的に寄り添う」という理念を大切に活動している。その救援活動は，この 24 年間（2019 年 1 月現在）でアジア・中南米を中心に世界 35 の国と地域で 62 回に及び，支援内容も耐震住宅再建，学校建設，生業回復，生きがい創出など多岐にわたる。阪神・淡路大震災から 24 年，「困ったときはお互いさま」の市民による災害救援文化は世界で共有されている。

　CODE が最も大切にしている理念が，「最後のひとりまで」である。CODE 代表理事の芹田健太郎（神戸大学名誉教授）は，「民主主義における最大多数によって最後のひとりは切り捨てられる。NGO はその最後のひとりを代表しなくてはならない。」と語り，最後のひとりまで支援すること，支援から取りこぼされる可能性の高い「最後のひとり」に注視することの重要性を説いている。この高い理想を追い求め，現場で一つひとつ実践しているのが CODE である。

2 四川大地震での活動

■ 四川大地震の概要

2008年5月12日14時28分（現地時間），四川省汶川県を震源とするマグニチュード Ms8.0（中国地震局の発表による）の地震が発生した。総被災者4,625万人，死者69,226人，負傷者374,643人，行方不明者17,923人，倒壊家屋778万9,100棟，損壊家屋2,459万棟という甚大な被害を出した（国務院，2008a）。四川省西部を北東から南西に走る約500kmの龍門山断層の一部の285kmが動いたことで，被害は，四川省だけでなく雲南省，陝西省，甘粛省，重慶市など10省417県に及び，標高2,000m以上の山間部，農村部，都市部の被災総面積約50万km²という広範囲が被災した。中国では，1976年に河北省で発生したM7.8の唐山地震で死者約24万人の被害を出しているが，2008年のこの地震はその震度の大きさ，広範な被災地，余震の多さ，救助の困難さから，1949年中華人民共和国成立以降，もっとも甚大な地震災害といわれる（国務院，2008b）。

中国政府は，発災6日後の5月18日までに，約15万人の軍や警察などを動員し，食糧やテントを配布した。また，被災者に罹災証明を発行し，一人当たり1日10元の義援金と500gの米の支給を3カ月間行った。政府は，発災1カ月後には100万戸の予定で仮設住宅の建設を開始し（EERI, 2008），被災地の随所に広大な仮設住宅群が出現し，中には数万人以上の住む巨大な仮設住宅エリアも建設された。

中国政府は，2008年8月には復興計画である「汶川地震灾后恢复重建总体规划」［四川大地震被災後の復旧復興総合計画（マスタープラン）］を発表した（大谷，2009）。復興計画では，総額1兆元（15兆円）の予算で，前半3年間は住宅，学校，病院の再建など社会インフラを整備し，後半5年間で産業振興と地域発展を遂げるという8年間の復興計画を掲げた（国務院，2008）。復興の過程の中で世界から注目された仕組みがある。「対口支援」といわれる仕組みで，被災した市県と沿岸部の経済発展している省市をカップリングし，1対

第7章　海外での被災地支援〜声なき声に耳を傾けて〜

1で支援するというものである。この対口支援は，19省と直轄市が財政収入の1％以上を活用して，被災地の20の市県（18市県が四川省，2県が甘粛省と陝西省）を3年間支援する広域支援の仕組みで，国内版政府開発援助（Official Development Assistance：ODA）ともいわれる。この国をあげた支援システムは，被災地に大規模かつスピーディーな復興を実現した。だが，スピードを重視しすぎたことや支援側の競争原理が働いたこと，大規模な都市建設による維持費の問題などさまざまな弊害も発生した。

■ CODE の支援活動

　CODE は，四川大地震の際，中国雲南省に別件で滞在していたスタッフ（筆者）を四川省の被災地へ派遣した。地震の3日後に四川省成都市に入り，Sim`s Cozy Garden Hostel というバックパッカーの集うゲストハウスを拠点に活動を開始した。このゲストハウスの日本人オーナー，マキさんと共に成都市内のボランティアの受付窓口になっていた中国紅十字会（中国の赤十字社）への訪問や成都市内に避難してきた被災者へのヒアリングを行った。その後，被害の甚大であった綿陽市の北川県を始め，綿竹市，什邡市，彭州市，都江堰市，汶川県などの被災地を回り，調査を行った。その際に被災者の一人ひとりの声を可能な限り拾い，その言葉を日本に発信した。震災直後に発信した救援ニュースを以下に紹介する。

　　綿陽を出て安県に向かうにつれ，沿道の家屋に被害が増えてくるのが分かる。だが，車窓から見る限り，不思議と屋根が抜け落ちている家が多いことに気づいた。安県から北へ走った安昌鎮では，僕たちが車を降りるや否や，沢山の人が寄って来て，「内の家を見てくれ」と連れて行かれた家は木造平屋1階の屋根はところどころ瓦は抜け落ち，壁は亀裂が入り，とても住める状態にはなかった。26年前に建てられたというこの家の壁には木材や鉄筋されも使われていなかった。だが，屋根が軽かったせいか，死傷者はいなかったそうだ。同集落のその他の家屋にも同じような状況があった。どの家の壁にも鉄筋，木材は使われておらず，杜撰に積まれたレ

ンガが露わになっていた。

　次から次へと家を案内された。最後に帰ろうとした時，一人の中高年の男性がすごい剣幕で寄って来た。なにやら「内の家は何で見ないんだ?!」と言っているようだった。そして通された家は 78 年に建てられた古い家で屋根は落ち，壁はひび割れていた。男性は憤りの思いを目に涙をためて表していた。この安昌では，皆とにかく「自分の家はこれだけひどいんだ」という事を誰かに聞いてもらいたかったのだろう。彼らにとって被災に大きいも小さいもない。北川という最もひどい被災地へと続く途中の小さな町の小さな声がここにある。(CODE 中国四川省大地震救援ニュース 11, 2008)

　その後，CODE は，激甚地区の一つであるが，支援のほとんど入っていなかった北川県の農村，光明村を拠点にして，ガレキの片付け，仮設住宅の建設補助，耐震に関する学習会開催，恒久住宅建設のデザイン提供，祭りの開催，老年活動センターの建設などの支援活動を展開していった。以下，光明村の概要と支援のキーワードを軸に CODE の支援活動を見ていく。

光明村の概要:
　人口約 700 人，191 世帯の村。村内に産業や仕事はなく，多くの村民が農業に従事しているが，ほとんどが自家消費用の米や野菜，果物を栽培しているのみである。村の若者は，現金収入を求めて，近隣の綿陽市や省都，成都市や遠く浙江省や新疆ウイグル自治区へと出稼ぎに行っている。村に残るのは子どもや高齢者がほとんどで，子どもを祖父母に任せて両親ともに出稼ぎに行っている家庭も多い。よって人口の約半分が常時不在である。
　四川大地震によるこの村の被害であるが，発災時，昼食を終え田植えのために外にいた人が多かったことが幸いして，村内で亡くなった人はいない。だが，6 人が外出先，出稼ぎ先で犠牲になっている。その他，重傷 3 人，軽傷多数。家屋被害については，191 戸中，143 戸が全半壊で，再建の必要があった。また，地震によって井戸や水田用水が枯渇，排水溝など灌漑用施設の被害も見られた。

第 7 章　海外での被災地支援〜声なき声に耳を傾けて〜

■ キーワードでみる CODE の支援

(1) つむぐ

　筆者たちが光明村に出会ったとき，被災した住民たちはガレキをどこから片付けていいのか途方に暮れていた。地震がちょうど田植えの時期に起きたこともあり，ガレキを放置した状態で田植えを優先していた。そんな状況で筆者たちボランティアは，ガレキの片付けから始めた。成都で宿泊していたゲストハウスに集った日本人を中心に中国，韓国，香港，台湾などの多国籍のボランティアと共に片道 3 時間の道のりを約 4 カ月間往復し，真っ黒に日焼けをしてホコリとガレキと格闘した。当初，反日感情を持つ住民も少なくなかったが，ボランティアの汗と涙が，次第に住民との関係を変えていった。

　ボランティアたちとのガレキの片付けは，丁成洪さん（当時 43 歳。以下，丁さん），劉国輝さんご夫妻の自宅から始まった。地震で大部分が倒壊し，住める状態にはなかった。丁さん一家は，二人の子どもと母親の 5 人で隣にある木造の納屋で避難生活を送っていた。見るからに肩を落として元気のなかった丁さんにお話を聞かせてもらったお返しに，ガレキの片付けを始めた。「何から手を付けていいか分からなかった。」と生気なく語っていた丁さんは，その翌日に僕たちボランティアに「本当になんとお礼を言ったらいいか分からない。すごく勇気をもらったよ。」と笑顔で語ってくれた（CODE 中国四川省大地震救援ニュース 43，2008）。

　人口約 700 人の光明村でたった一人の医師，彭廷国さん（当時 56 歳。以下，彭さん）は，1 年前に建てた 4 階建ての自宅が地震で被害を受けた。地震の当日は雨が降り，野外での避難生活で体調を崩す人も少なくなかった。彭さんは，自らも被災者であるが，医師として住民のケアにあたっていた。だが，そんな無理がいつの間にか彭さんを鬱状態にしていた。

　本当は放置されたままの自宅のガレキの片付けを手伝ってほしい彭さんだが，過去の戦争による反日感情から，自分からボランティアに声をかけることはしなかった。だが，毎日 3 時間かけて村に通ってくるボランティアたちが，真っ黒に日焼けしてホコリまみれになる姿を遠目に見ていた彭さんは，しばらく後に「うちの家も手伝ってくれないか？」と声をかけてきた。そして一人の日本

134

人ボランティアとの交流によって彭さんは筆者たちボランティアに心を開き始め，これまでの勝手な偏見や誤解を解き，「これが本当の日本人か！」と語ってくれるようになった。また，筆者は地震の半年後に生まれた彭さんの孫の幼名の名付け親を任命され，中国の習慣である義理の父になることになった。他の村民からも感謝の旗をいただいた。

この光明村に出会った当初は，愛国教育やメディアの影響もあり日本人に対して嫌悪感を持っていた人は少なくなかった。だが，4カ月間に渡るボランティアの活動が，この村の人たちの意識を変えていった。共に汗を流し，目の前の一人と丁寧に付き合うことが真の国際理解につながることを実感する瞬間であった。

被災地支援にとって最も重要となる現地の人たちとの信頼関係をつむいでいくのにボランティアの働きが大きな意味をなした。

写真1　ボランティアによるガレキの片付け

写真2　感謝の旗

CODEと共にボランティアを行った日本人のほとんどが，ボランティアの初心者であったが，村民との出会いや自分と向き合うことで大きな成長を遂げていった。一人の若者の感想文をここに紹介する。

- I.Yさん（京都府出身　32歳）
今回ボランティアに参加させてもらい本当に感謝しています。感謝しても仕切れないです。こんなに素晴らしいメンバーと巡り合い一緒に貴重な体験を出来たこと嬉しく思います。

第7章　海外での被災地支援〜声なき声に耳を傾けて〜

　吉椿さんには色々な事を教わりました。ボランティアに対する姿勢。被災者と同じ目線で活動することで彼らの悲しみや喜びを分かち合えること。自分達の目で見た上で今後どうするかを考えるという根本的なことだけどあまり誰もしていないことでした。

　初めて被災地に足を踏み入れたときのショックは今でも忘れていません。崩れ去った家屋，粗末なテント，山肌がもろにみえる山々。震災2週間後でもひどいものでした。しかし，震災後すぐに被災地に入られた吉椿さんが見たものは比べ物にならないぐらい酷いものだったでしょう。だからメンバーの思いは同じでも吉椿さんの思いとは重みが違ったように思われました。だから，地震後すぐに駆けつけられなかった自分に悔しさを感じます。安昌鎮，永安鎮に初めて入った時は驚きました。目に入ったのは被災者達がたくましく働いている姿です。

　光明村に行っても同様でした。彼らの明るさとパワー。信じられませんでした。後から聞いた話ではこの村に死者が出ていないとか。しかし，友人や親戚は亡くなった筈です。それでも彼らの笑顔を見ていると，悲しみを乗り越えた力強さを感じました。彼らの今日1日1日を生きる姿，明日へ向かって生きる姿に心を打たれました。彼らから「悲しんでばかりではダメだよ」って言われたような気がしました。

　僕達が毎日村に通うに従い，村人達の僕達に対する信頼感は増して行きました。そして次第には自分達の食糧を使ってまで僕達に食事を出してくれるようになりました。申し訳ないと思いましたが，彼らの気持ちは涙が出るほど嬉しかったです。そんな彼らの優しさがあったからこそ僕達は毎日汗水たらして頑張ってこれたんだと思います。村の子供達も僕達にとってとても大切な存在になりました。子供の元気な姿，笑顔をみると疲れを忘れます。何度子供の笑顔に救われたことか。

　吉椿さんが北京に行っていた日，以前からお医者さんに手伝って欲しいと言われ約束しておきながら行けなかった事が気に掛かり，一人で行きました。交通にも時間がかかり，結局作業自体2時間ほどしか出来ませんでした。中々ここに来れなかったこと，今日遅くなったことを詫びました。でも，彼は「気にすることはない。君が来てくれただけで私はどれほど嬉

しいか。君たちからどれだけ元気と勇気を頂いたことか」と涙を流して言ってくれました。泣きました。これほど人に感謝されたことは今までありませんでした。これほど必要とされたことは今までにありませんでした。感無量でした。本当にこの村にこれたことを嬉しく思います。

　阪神大震災のときはボランティア元年といわれましたが，今回の四川大地震は僕にとってのボランティア元年です。現在，そして今後も世界中で災害は起こるでしょう。僕は何らかの形で関わって行きたい。それが人にとっても自分にとっても幸せになれることだと思う。四川の復興には時間が掛かります。しかし，人々の記憶から四川大地震のことは消えていくでしょう。僕は決して忘れません。NGO の締め出しがあった時，外国のNGO の方が何も出来ず涙を流しながら悔しがっていた姿も忘れられません。四川に再び笑顔が戻るまで彼らの分まで支援していきたいと思います。どうぞご指導よろしくお願いします！

（2）きく

　CODE は，災害が起きるといち早く現地に向かう。CODE の主たる活動は，災害直後の食糧やテントの配布などの緊急支援ではなく，その後の住宅再建や雇用創出などの生活再建を担う復興支援を対象としている。だが，CODE は災害直後の緊急段階で現場に入り，被災地の被害や救援の状況などを調査し，共に支援を行う現地の NGO などのカウンターパートや支援プロジェクトの可能性を探る。そのために可能な限り多くの人の話を聴く。話は，被害状況だけでなく災害前の暮らしやその土地の文化，自然環境などにも及ぶ。

　緊急支援の段階で物資も持たずに，ただ話を聴き続けることから，ときに心無い言葉を浴びせられることもある。2005 年のパキスタン地震の被災地でのことである。壊滅的な被害を受けたバラコットという被災地で，筆者は一人でヒアリングを行うために町を歩いているときに一人の男性に声をかけられた。

「お前，何人だ？ NGO か？」

「そうだ。日本の NGO だ。」

「それなら，何をくれるんだ？」

「何もあげるものはない。話を聴かせてほしいんだ。」

第 7 章　海外での被災地支援〜声なき声に耳を傾けて〜

「何もくれないなら帰れ！」

　被災直後の被災者の気持ちを思えば，当然の言葉かもしれない。だが，そんな人でも「これから長くかかる復興のために何が大切なのか考えたい。だからあなたやこの土地の話を聴かせてほしい。」と理解してもらい，その後も毎日通ってはさまざまな話を聴かせてもらっていると「こんなに俺の話を聴いてくれたのはお前だけだ。」と語ってくれるようになった。

　最も大変な時期に被災者のそばにいて，寄り添う。ものをあげることはできなくても，そばにいてそっとその小さな声に耳を傾ける。その声を聴くことからその人や地域のありよう，そして真のニーズも見えてくる。筆者自身も阪神・淡路大震災の際に足湯ボランティアを通して目の前の一人の被災者と向き合うことから始まった。

　CODE は，一人の声から支援を始めていく。その聴き取った生の声を日本に届け，発信する。この「つぶやき」と呼ぶ被災者の生の声を発信することで，日本の支援者の共感を呼び，寄付にもつながっていく。「つぶやき」から被災者の声なき声が聞こえてくる。たった一人の声から震災というものが見えてくる。

　四川大地震直後の被災地のつぶやきには，以下のようなものがある。

- 「うちの家も見てくれ！」　　　　　　　　　　　　（安昌鎮　多くの住民）
- 「政府には頼らないよ。自分で何とかするしかないね。」（都江堰市　30 代女性）
- 「また出稼ぎに出るしかないなあ。」　　　　　　　　（北川県　多くの住民）
- 「この村はどうやったら発展できるかなあ？」　　　　（北川県　40 代女性）
- 「せめてご飯でも食べていって。」　　　　　　　　　（北川県　60 代女性）
- 「本当は家族一緒に暮らしたいんだよ。」　　　　　　（北川県　40 代夫婦）

（3）おこす

◎老年活動クラブ

　光明村での 4 カ月間のガレキの片付けの中で，その後の復興支援に向けた「村歩き」を数度行った。復興支援プロジェクトを考えるにあたり，村の資源（リソース）を知ることが非常に重要になる。村民は自家消費用に米や野菜，果物を作っているが，特産品になるようなものはなかった。また，裏山にある洞窟，

竹林，小川，いずれも整備されておらず，藪に覆われており，開発するには莫大な資金もかかる。その後もヒアリングする中で，この村には旧暦の9月9日の老年節には，祭りがあることがわかってきた。その祭りでは，村民自ら歌や踊り，芝居を披露するという。2008年の老年節は，震災の影響で開催されなかった。そこで筆者たちは，村の活気を取り戻してもらうために祭りを開催することを提案し，2009年3月に実現することになった。日本在住の中国人歌手，李広宏氏をゲストに，村民の歌や踊り，芝居，そして筆者たち日本人ボランティアの日本と中国の歌。光明村村民だけでなく，近隣の住民もうわさを聞きつけて多くの観客が集まり，震災をきっかけとした中日友好祭りとして盛大な集いとなった。これを機に筆者の滞在する3年半の間，この中日友好祭りは村の恒例行事となった。2010年の祭りはあいにくの雨であったが，直後にガレキの片付けをした日本人ボランティアたちも駆けつけ，CODEと連携する神戸学院大学や兵庫県立舞子高等学校の学生たちや生活協同組合コープこうべの方々，特集番組撮影のために来ていたNHKの取材クルーなど総勢四十数人の日本人が共に祭りを準備し，村民にとっても忘れ難き思い出となった。

　この光明村は，一見，何の変哲もない中国のどこにでもあるような出稼ぎ者の多い村だが，村民で作る「老年活動クラブ」の存在が，筆者たち外部者にはひときわ輝いて見えた。普段は寡黙な男性がすばらしい喜劇役者であったり，普通の主婦が歌や踊りに秀でていたり，司会の上手な若者，チャン族の民族衣装で見事に踊る子どもたち，これまで被災者と思っていた村民の一人ひとりに隠れた才能があることをこのとき知った。このクラブは，祭りなど村の行事には欠かせない存在であった。

　震災の起きた当日，このクラブのメンバーは，壊滅的な被害を受けた北川県城（北川県の県庁所在地）のイベントに出演していた。地震で家族を失ったメンバーもいる。かろうじて助かったメンバーは，村までの道を6時間かけて歩いて帰ってきたという。

　そんな物語をもつ「老年活動クラブ」という村の宝（資源）を活かしたいと思うようになった。それがその後のメインプロジェクトである老年活動センターの建設につながっていく。その土地にある文化を再び興すことで活気を取り戻す。それが光明村にとっては祭りであった。

第7章　海外での被災地支援～声なき声に耳を傾けて～

◎伝統木造建築

　四川大地震では，四川省を中心に日本の総面積約 38 万 km² をはるかにしの
ぐ広大な面積が被災した。発災 3 日後に四川省に入った筆者は，震災 1 週間，
北川県だけでなく支援の届いていない被災地の 100 近くの農山村を回る中で，
この光明村に出会った。

　この広大な被災地の中で人口約 700 人の小さな光明村を選んだ理由は，伝統
木造建築の存在である。初めて光明村を訪れたとき，村の中に釘を全く使って
いない伝統建築を発見した。先述の丁さんの，レンガと鉄筋による現代的な構
法（以下，現代構法）の自宅は全壊していたが，すぐ横の納屋は伝統的な木造
軸組構法（以下，伝統構法）で建てられていて，ほとんど被害を受けていない
ことに気づいた。この納屋は，丁さんのお母さんが長年暮らしていた木造家屋
で，隣に現代構法の住宅を建設してからは，この木造に住むことはなく納屋と
してのみ活用されていた。また，丁さん宅のすぐ裏の木造家屋も築 55 年の伝
統構法で，瓦が数枚落ちた程度でほとんど被害を受けていなかった。その隣の
現代構法の家屋は全壊していた。この現実を見たことがきっかけで，光明村を
拠点にして伝統木造建築を活かした支援ができないかと考えた。前年の能登半
島地震で，鈴木有先生（当時，金沢工業大学教授）と共に被災地を歩き，伝統
木造の耐震性をほんの少し学ばせていただいた際に，伝統木造家屋が地震の揺
れの力を分散させることや伝統木造は修復可能であることを知ったことが，こ
の四川の被災地で伝統木造に注目したことにつながった。

　この伝統木造建築への着目が，その後の CODE の支援プロジェクトである
耐震住宅再建や老年活動センター建設につながっていく。

　2008 年末ごろより光明村でも住宅再建が始まった。筆者は，住宅再建に向
けて村の有志に数度にわたって耐震に関する学習会を開いた。CODE がこれ
までにインドやイランで行った模型を使ったシェークテーブルテスト（振動台
実験）や能登半島地震後の伝統木造などの写真，動画を使って住宅の耐震の重
要性を村民に伝えると同時に，この村のような四川の伝統建築の耐震性を見直
し，伝統構法で再建することを提案した。そして住民の中から 4 世帯が，伝統
構法での再建を申し出てきた。「（70 代の）親父の勧めだ。親父の家はもとも

140

と木造だった」「地震前のレンガの家が壊れたから」「木造だったら息子が大きくなっても修復,改修ができるから」などの理由からであった。

　四川省の被災地で伝統建築が倒壊せずに残った事実は,被災者だけでなく建築の専門家にもその耐震性を認めさせることとなった。その地域にあった文化を掘り起こし,住民自身がその価値を再度見つめなおす貴重な機会となった。

　この地域では伝統木造を再建する際には,村民総出で1棟の家を建てる。男性は組んだ柱や梁に登り,木を組み合わせていく。女性や高齢者は縄で柱を立ち上げ,若者は魔よけの爆竹の準備をする。そして長老は鶏を梁に縛って棟上げの儀式を執り行う。それぞれに役割があって,最後にみんなで大宴会を開いて新居を祝う。聞くところによると,この村では35年ぶりに伝統木造が再建されたという。この風景を目の当たりにし,四川にも地域の助け合いの「互助組」があることを知った。インドネシアのゴトンロヨンや日本の結のような相互扶助の精神が中国の農村にも確実に存在していた。伝統には人と人を結びつける力があることを再確認した瞬間であった。

写真3　住民総出で伝統木造を建てる

写真4　長老による棟上式

第7章　海外での被災地支援〜声なき声に耳を傾けて〜

(4) つなぐ

　筆者は，村民に対して耐震を考慮した伝統木造建築での再建を薦めたが，多くの住民は「古臭い」「格好が悪い」「木造は費用が高い」などの理由から首を縦に振らなかった。中国は国土は広大であるが，過去の乱開発などにより森林面積がそれほど多くなく森林率はわずか20％程度（国際連合食糧農業機関，2015）である。1998年の揚子江の大洪水を契機に四川省などで森林保護政策である「退耕還林」が開始された。これは耕作地を森林に戻すという国家プロジェクトで，森林を伐採する際は厳しい制限が設けられていることから，中国では木材は非常に高価なものとなっている。

　そこで，筆者は，木材市場で価格や種類などを調査し，安価で格好よい新しいデザインを提案できないかと考えた。当時，東京大学に留学していた四川大学の胡昴，史立明の両先生のご縁で，伝統木造家屋のデザインを描いてもらうことができた。また，価格も現代構法の住宅とさほど変わらないことも分かり，伝統構法での再建を希望する村民が出てきた。CODEは，建築の専門家ではないが，これまでの世界各地の被災地での経験や知恵を伝え，専門家をつなぐことによって被災地の中にある伝統を活かすことが可能となった。NGOは被災地の人と外部の専門家などをつなぐことも大きな役割である。

(5) いかす

　災害に遭った地域は，さまざまな支援を受けて復興していく。だが，その地で再び災害が起こらないとは言えない。だからこそNGOは目先の支援だけでなく，新たな災害に備えた防災・減災を見据えた支援を行わなくてはならない。また，本来そこにあった地域の課題を，災害をきっかけに復興の中で少しでも改善していく必要がある。

　CODEは，メインプロジェクトとして光明村で伝統構法を活かした「老年活動センター（以下，センター）」を建設した。四川省でも著名な古建築設計院の張東山院長にその設計を依頼し，中国の伝統的なスタイルの三合院（コの字に中庭のある）様式にした。センターの目的は，伝統構法による耐震のモデルハウスとして，村に残された高齢者や女性，子どもの集う場として，村の魅力でもある踊りや歌などの芸能の拠点として，などである。平時，このセンタ

142

ーは主に高齢者などの村民の集う場として活用されているが、災害時は避難所にもなりうると考えた。

現在は、村民自身がこのセンターを活かして農家楽（アグリツーリズム）の拠点として活用している。農家楽とは四川省発祥で、今や中国全土に広まっているレジャーである。都市部の住民が週末、自然やゆったりとした時間を求めて農村部を訪問し、郷土料理や麻雀などを楽しむというものである。光明村では、村民有志が資金を出し合ってセンター内に厨房を作り、地元の野菜を使った郷土料理を提供する農家レストランを運営している。また村民委員会（村役場）は、センターのすぐ前に釣堀（池）を建設し、観光客がその釣堀で釣った魚をレストランで調理して食べることができるようにした。季節によってはその池に咲く蓮の花を楽しみ、レンコンを食することができる。

2013年、CODEは、この農家楽の運営を村民委員会主導から住民参加型に移行すべく、北京より農家楽の専門家である王僑先生（中国社会科学院人口・労働経済研究所）を招へいし、光明村の村民を対象に住民参加型のワークショップを開催した。その際に村主任（村長）は、合作社（協同組合）の設立を呼びかけたが、村主任の交替や書記の改選などで実質的なリーダー不在などにより、この農家楽の経営は未だ軌道には乗っているとは言えない状況にある。だが、CODEの支援したセンターを住民自身が活用して自立の道を模索しようとしていることは注目に値する。受けた支援を活かして自分たちのものにしようとする、まさに受援力を養うことの重要性を教えてくれている。

写真5　伝統木造建築　老年活動センター

写真6　農家楽の蓮の池

第7章　海外での被災地支援〜声なき声に耳を傾けて〜

(6) 痛みの共有と被災地責任

　四川大地震の3年後の2011（平成23）年3月11日，東日本大震災が発生した。CODEの支援する光明村をはじめ，四川大地震の際にご縁のあった人たちからさまざまな思いがCODE事務局に寄せられた。例えば，ポストカードや横断幕につづられた励ましや慰めのメッセージ，日雇い労働で1日600円程度しか稼げない光明村の村民からの36万円もの義援金（支援金），日本人ボランティアたちが集めて編集した光明村被災者から東北の被災者へのメッセージビデオ，などであった。これらを東北の被災地の避難所で掲示すると，被災者の中には「私たちはあのとき何もしてあげられなかったのに…」と涙を流す人もいた。

　2012（平成24）年CODEは金沢大学と連携して，光明村の3人を日本に招へいし，能登半島地震（2007年）や東日本大震災の被災地を訪問した。能登や東北では，インドネシアのスマトラ沖地震（2004年）の被災地のゲストも加わってシンポジウムなどを開催し，被災者の方と交流させていただいた。宮城県七ヶ浜町の仮設住宅を訪問した際に，光明村の謝正菊さん（当時41歳。以下，謝さん）と七ヶ浜で被災した女性は，逢った瞬間，言葉もわからないのに互いに手をとりあって涙を流していた。災害や国は違えど，同じ被災者として互いに共感するものがあったに違いない。被災者だった人が続く被災者を支え，その経験や教訓を次の被災地へと伝えていく「被災地責任」という言葉をこのとき考えさせられた。

写真7　四川と東北の被災者との交流（宮城県七ヶ浜町にて，2012年3月，筆者撮影）

3 ネパール地震での活動

■ ネパール地震の概要

2015年4月25日11時56分(現地時間),ネパール中部ゴルガ(Gorkha)郡バルパック(Barpak)村を震源としたM7.8(米国地質調査所の発表による)の地震が発生した。ネパール全75郡のうち約29郡が甚大な被害を受けた。ネパール政府は,災害ニーズ調査(Post Disaster Needs Assessment:PDNA)を基に被災の甚大な上位14郡を認定した。この地震による被害は,死者9,050人,負傷者2万2,332人,全壊家屋約59万戸,損壊家屋約27万棟という甚大なものとなった。東部の世界最高峰のエベレスト(8,848 m)では雪崩が発生し,22人が犠牲になり,200人以上が行方不明となった。また,地震に伴った土砂災害の発生は,3,000カ所以上に上り,6月以降の雨期には激しい雨による地滑りなどの二次災害も発生し,孤立する集落,移転する集落も出た。山岳国ネパールは山間部へのアクセスは非常に厳しく,被災した山間部の集落への支援に困難を極めた。多くの国際機関の支援は,幹線道路から数時間の場所までにしか至らないという厳しい現実があった。(吉椿,2016)

■ CODEの支援活動

CODEは,ネパールの復興支援として「耐震住宅再建プロジェクト」を実施してきた。支援の届いていない辺境の被災したグデル(Gudel)村で,従来の石を用いた組積造住宅に耐震補強技術を施したモデルハウスを建設した。このモデルハウスは,可能な限り現地で調達できる資材を使って建設し,ネパールと日本の専

写真8 耐震モデルハウス

門家の指導によって現地の大工・石工たち自身が耐震工法を学ぶという形で行った。耐震の技術と知恵を学んだ大工・石工たちは，その後村内の26棟の住宅を再建した。

グデル村の概要：

CODE の支援するグデル村は，東ネパールのサガルマタ（Sagarmatha）県ソルクンブ（Solukhumbu）郡に位置し，人口3,489人，712世帯の村（VDC：Village Development Committee）である。平地がほとんどない斜面にあるこの村にはライ族，シェルパ族が居住しており，ほとんどの住民が農業に従事し，自給自足の暮らしを営んでいる。首都カトマンズからは車で14時間，山道が徒歩2日かかる。非常にアクセスが悪い。最も近い空港からも徒歩2日かかる距離にあり，この地震後に初めて村に電気が通った。そのような地理的条件によって非常にのどかで伝統的な暮らしを維持しているが，村内に現金収入を得るすべがなく，若者たちは都市や海外へ出稼ぎに出ていく。シャルパ族の若者は，観光シーズンにはカトマンズの旅行代理店でガイドやポーターとして働くものも少なくなく，雨期の農繁期に村に戻ってくる二重生活を送る人も多い。

グデル村の地震の被害は，4月25日の本震では震源から遠かったことから被害を受けた家屋は数棟のみであったが，5月12日の M7.3 の最大余震の震源が近かったことから，700棟のうち219棟の家屋が全半壊し，政府によりレッドカード（危険家屋）判定を受けた。

■ 支援のポイント

（1）出会い

CODE は，海外に常駐の事務所やスタッフを置かないことから，支援を共に行う現地のカウンターパートの存在が重要になる。これまでネパールで支援を行ったことがなかったことから，災害直後の初動調査ではカウンターパート探しが必須となった。これまでのさまざまなネットワークを通じてネパールの NGO や関係者に会い，その動きや可能性を探った。その中で偶然にも CODE と同じ神戸市兵庫区に住むネパール人，ラクパ・シェルパ（Lakpa

Sherpa）さん（当時43歳。以下，ラクパさん）と出会った。彼の故郷グデル村は，非常にアクセスの悪い辺境の村で，支援から取りこぼされていたことから，CODEは雨期対策支援として雨をしのぐテントシート約200枚を提供する「CODE3000プロジェクト」を皮切りにグデル村の支援を開始した。

　カウンターパートは，ラクパさんがシニアアドバイザーを務めるグデル村出身者のコミュニティ（Gudel Sherpa Community）となった。この組織の会員は，海外や首都カトマンズ在住の村出身者や村在住の農民など約1,500人にのぼる。被災地を支援するにあたりCODEの考える自立や学び合いなどをカウンターパートと共有する必要があるが，ラクパさんは，長年の日本在住経験からCODEの考え方を理解し，外部との交流もなく情報の少ない村民たちとNGOをつなぎ，意識の格差を埋める役割を担ってくれた。彼の存在があったことで，CODEは辺境の村でいち早く耐震の住宅を再建することが可能となった。ラクパさんとの出会いは，非常に大きな意味があった。

(2) 持続可能な暮らしの実現

　グデル村での耐震住宅の再建では，現地で調達可能な資材での建設にこだわった。ネパールにはグデル村のように山道を歩いてアクセスするしかない集落も多く，都市部のような鉄筋とセメントを用いた耐震住宅を建設すると，運送費などで資材が都市部の3倍以上の値段になる。この方法では山間部の自給自足の経済的に苦しい人たちには耐震住宅の再建は実質的に不可能になる。そこでCODEは，山間部の従来の組石造住宅に木造バンドの耐震補強を施す工法（以下，バンド工法）を採用した。これはネパール国家建築基準（Nepal National Building Code：NBC）にも記載されている工法である。その専門知識のアドバイスや技術指導は，バクタプルにあるクワパ工科大学（Khwopa Engineering College）のモーハン・パント（MohanPant）教授や日本の㈱北茂紀建築構造事務所の北茂紀氏や近畿大学建築学部の安藤尚一教授などに協力をいただいた。

　モデルハウスの建設を通じて現地の資材で耐震住宅を現地の大工・石工たち自身で建設する。それにより住宅が安価で修復可能なものになり，外部者がいなくても自分たちで耐震住宅を建設できるようになる。その後，耐震の技術と

第7章　海外での被災地支援〜声なき声に耳を傾けて〜

知恵を学んだ大工・石工たちは，同村の26棟の住宅再建に挑んだ。これこそが持続可能な暮らしの第一歩になるだろう。CODEは，今後もグデル村で持続可能な暮らしの実現に向けて，生活向上や雇用創出などの支援を現地住民と共に考えていく。

(3) 人づくり

　耐震住宅再建プロジェクトの中心的役割を担った大工のニマ・シェルパ（Ngima Sherpa）さん（当時26歳。以下，ニマさん）は，CODEとの出会いを機に住んでいたカトマンズを後に故郷グデル村に戻ることを決断した。彼は，故郷の村のために何か役に立ちたい，プロジェクトを通じて村で生計を立てることができる，という思いもあった。もともと，カトマンズで家具職人をしていたニマさんは，このプロジェクトで耐震の技術や知恵を学び大工として生きていくことを決めた。

　住宅再建完了後，CODEは，ニマさんを日本に招へいし，組石造や日本の伝統建築を学ぶ機会を提供した。兵庫県三木市の稲見光則氏（稲見建設）に大工道具のメンテナンスを学び，北茂紀氏には耐震の講習を受け，構造とバンド工法の復習をした。また岡山や京都の伝統木造建築の見学なども行った。その後，ネパールに戻った彼は，他の村の耐震のコミュニティセンター建設の場で木材加工などの指導にあたった。外部者が何かをしてあげるのではなく，現地の人たち自身が技術や知恵を学び，自ら復興を担っていく。それによって生計を立てることが可能になるだけでなく，自信と誇りを持つようになっていく。そのためにも現地の人自身が学び，育つ機会を提供する支援が重要となる。

4　まとめ：最後のひとりまで

　本稿で見てきたように，CODEは中国でもネパールでも支援の届いていない地域や人たちの小さな声に耳を傾け，その土地や文化，人たちを可能な限り理解し，支援活動に活かしてきた。

その中でも，CODE は理念である「最後のひとりまで」を現場で実践することを最も大切にしている。最後に四川大地震の現場での事例を紹介する。

CODE の支援する光明村の謝さんは，2008 年末に CODE の提案したデザインで伝統木造の自宅を再建することを決めた。村で最も早く住宅再建を始めた一人である。だが，謝さんの自宅が完成したのは，6 年後の 2014 年であった。夫のアルコール依存症や家庭内暴力，体調不良，経済的な困窮などによって再建は思うように進まなかった。謝さんは，何度も出稼ぎを繰り返し，お金が貯まったら資材を買って住宅を少しずつ建てていった。力や情報，ネットワークのある人は，とうに再建を終え，自立へと向かっている。だが，謝さんのように思うように復興の道を歩めない人がいる。そんな人こそ NGO は見守る必要がある。日本人ボランティアと仲のよかった謝さんは，数年後に「あなたたちに逢えるのが本当に楽しみ。ただ村に来てくれるだけでいい。」と語り，その言葉に筆者は救われた気がした。ボランティアは，被災者の最も近くにいる存在で，いつのまにか被災者とボランティアという関係性を超えて互いに支え合っているのかもしれない。

CODE は阪神・淡路大震災以降，国内外の被災地支援の経験から「最後のひとりまで」という言葉を大切にしてきた。途上国の被災地で膨大な被災者が存在する中で最後のひとりまで救援することは，現実的に非常に難しい課題である。だが，CODE は敢えて厳しい課題を理念とすることで，それを現場で実践しようとする。被災地で支援から取りこぼされようとしている人はいないか，誰が取りこぼされる可能性があるのか，などを常に念頭において活動すること，そして支援者一人ひとりがそういう思いで被災者に向き合うことで，その「最後のひとり」にたどりつけるのではないだろうか。尊き理想を持つことで少しでも現実をそこに近づけようとする。それこそが NGO なのではないだろうか。

【注】

1) KOBE は，「神戸市」を指すのではなく，阪神・淡路大震災の被災地・被災者，国内外で救援に関わった人たちすべてを含む地域・コミュニティ・人を表す。

第 7 章　海外での被災地支援〜声なき声に耳を傾けて〜

《参考文献》

- 国務院 2008a「国务院关于四川汶川特大地震抗震救灾及灾后恢复重建工作情况的报告」
- 国務院 2008b「汶川地震灾后恢复重建总体规划」
- CODE 海外災害援助市民センター編著 2004『KOBE 発 災害救援－支えあいは国境を越えて』（神戸新聞総合出版センター）
- CODE 海外災害援助市民センター，兵庫県 2013『CODE10 周年記念シンポジウム「寄り添いからつながりへ」報告書』
- 「CODE 中国四川省大地震救援ニュース 11」（更新日：2008 年 5 月 18 日）http://code-jp.org/blog/sichuan/2008/05/18/ 中国四川省大地震救援ニュース -11/（閲覧日：2019 年 1 月 9 日）
- 「CODE 中国四川省大地震救援ニュース 43」（更新日：2008 年 6 月 12 日）http://code-jp.org/blog/sichuan/page/11/（閲覧日：2019 年 1 月 9 日）
- Government of Nepal Ministry of Physical Planning and Works 1994，NEPAL NATIONAL BUILDING CODE: NBC 203
- 吉椿雅道 2009「中国・四川大地震」（塩崎賢明，出口俊一，西川榮一ほか編『世界と日本の災害復興ガイド』，クリエイツかもがわ）
- 吉椿雅道 2014「四川大地震（2008）からの復興と雅安・廬山地震（2013）－ NGO の視点から見た課題－」（『日本災害復興学会誌』復興 8 号，53 － 60 頁）
- 吉椿雅道 2016「NGO の視点で見たネパール地震と山間部での耐震住宅再建の試み」（関西学院大学災害復興制度研究所『災害復興研究』8 号，53 － 67 頁）

コラム インドネシア・ムラピ山麓で展開されている防災を唱えることから始めないコミュニティ防災

日比野 純一（NPO法人エフエムわいわい）

インドネシアのジャワ島中部にあるムラピ山（標高2,930m）は，有史以来，頻繁に噴火する火山（1548年以降68回）で，近年では1994年（死者60人），2006年（死者2人），2010年（死者347人）に大きな噴火被害をもたらした（藤田ほか，2012；インドネシア共和国エネルギー鉱物資源省地質庁，2014）。

写真1　ムラピ山

ムラピ山は1,500mを超える中腹にも村落があり，山麓に多くの住民が暮らし，噴火と向き合う形で火山と住民が暮らしている。しかし，2010年の大きな噴火では，火砕流の被害により，山頂から数キロの場所にあったいくつかの村落が消失した。逃げ延びた住民たちは，仮設住宅に移り，現在は行政が指定する危険地域外の山の中腹にある復興住宅に移り，農業や畜産業，砕石業，観光業といった仕事に従事し，山での暮らしを続けている。

阪神・淡路大震災や東日本大震災と同様に，災害前に自分たちが暮らしていた地域を離れたくないという住民たちの気持ちは，インドネシアでも変わらない。しかし，短いサイクルで大規模な噴火が繰り返される火山の中腹に，なぜ住み続けるのだろうか。そうした疑問に地元の人たちは「ムラピ山と共生すれば豊かな暮らしが続けられるから」という言葉で答える。わかったような気になる言葉であるが，彼らの暮らしを知ることなしに，その言葉に込められた真意を理解することは難しい。

豊かな森からさまざまな恵みを受け取り，噴火による豊かな土壌で作物をつくり，噴火堆積物は良質な建材として砕石できる。標高が高いため，熱帯気候にも関わらず一年を通して過ごしやすく，都市部では薄れつつある地域

第7章　海外での被災地支援〜声なき声に耳を傾けて〜

共同体の絆は依然として強い。晩になると、伝統楽器ガムランの響きが聴こえ、毎週のように山麓のどこかの村落で影絵芝居や大衆芝居などの伝統芸能が催され、多くの人々がそれを楽しむ。そこには、日々の暮らしに恵みをもたらしてくれる豊かな自然があり、山の神への信仰、影絵芝居やガムラン演奏などジャワの伝統文化が息づき、ゴトンロヨンと呼ばれる相互扶助によって成り立つ地域共同体がある。これがムラピ山の暮らしの一端である。

火山噴火は、間違いなくそうしたムラピ山の豊かな暮らしを破壊する。しかし、その災害といかに折り合いをつけながら暮らし続けていくか、それがムラピ山の住民たちによる「コミュニティ防災」の取り組みといえる。

ムラピ山麓では、村々で「コミュニティ防災」の名の下にさまざまな活動が行われている。避難訓練や避難経路図の作成といった、防災に対する関心と知識を高めることを直接的な目的とする活動ももちろん行われているが、それよりはむしろ、住民たちが集う機会を作ることを目的とした活動が積極的に展開されている。コーヒーやお茶を飲みながら世間話ができる屋台やカフェ、地元住民で構成される伝統楽器ガムラン楽団の演奏会、伝統芸能イベントの開催、コミュニティラジオ放送などがそうした機会になっている。

写真2　ムラピ山の村における伝統芸能イベント

活動を主導するのは、ムラピ山麓の村々にあるコミュニティラジオ局（7局）のメンバーたちである。いずれのコミュニティラジオ局も、住民たちがボランティアで運営し、農作業など仕事が終わった夕方ごろから、ラジオ局のある場所に三々五々集まり、コーヒーなどを飲みながら会話を楽しみ、時間が来ると放送に参加していく。そこで話される何気ない情報交換の中から、例えば、火山防災の知恵を盛り込んだ影絵芝居の企画が生まれたり、環境防災教育を目的とした「寺子屋」のような活動が始まったりしている。コミュニティラジオの活動というよりは、放送活動も行う、地域住民による社会活動グループと言った方が正確かもしれない。そしてその場には、NGO関係者や研究者など村の外部の

人たちも頻繁に出入りしている。

　ムラピ山麓で実践されているのは，一見，防災と直接は関係のない地域活動である。活動に地域住民だけでなく外部からもさまざまなアクターが参加することで，多様な視点から地域社会を捉えることが可能になり，自分が暮らす地域に対する愛着や関心が高まっていく。その結果，火山噴火や土砂災害といった地域が直面する脅威への対処について「自分ごと」として考えていくようになっていく。

　それは，エフエムわいわいが阪神・淡路大震災の後に神戸・長田で続けてきたことであり，国境を越えて外部者としてムラピ山の仲間たちと学び合い，実践を続けている，防災を唱えることから始めないコミュニティ防災活動である。

《参考文献》

- Badan Geologi 2014, G.Merapi-Sejarah Letusan
http://www.vsi.esdm.go.id/index.php/gunungapi/data-dasar-gunungapi/542-gmerapi? start=1&fbclid=IwAR1-Y9Pqgu6Nn0UAiWdncSIdNFnK40rtBnOuNgQiGTCpt0PLX9OtL0VVieQ（閲覧日：2019年1月9日）
- 間中光 2016「インドネシア・ムラピ山周辺村落におけるコミュニティ防災に関する所感」『JICA 草の根技術協力事業「ジャワ島中部メラピ山周辺村落のコミュニティ防災力向上」事業評価報告書（2016年4月）』
- 藤田正治，宮本邦明，権田豊，堀田紀文，竹林洋史，宮田秀介，Legono D, Sulaiman M, Fathani F, Ikhsan J 2012「2010年インドネシア・メラピ火山噴火災害」(『京都大学防災研究所年報』第55号 A, 171 – 180頁)
- 渡邊としえ 1999「地域社会における5年目の試み－「地域防災とは言わない地域防災」の実践とその集団力学的考察」(『実験社会心理学研究』39巻2号，188-196頁)

第 **8** 章

地域を拠点とした共助による
住宅減災復興

近藤 民代
神戸大学大学院工学研究科

本稿では災害に備えた住宅づくりについて，地域を拠点としてどのように
取り組むことができるかについて論じる。安全・安心の地域社会を築いて
いくためには予防だけでなく，復興を見据えた備えを両輪で進めることが
肝要であり，それは住宅分野においても共通している。住宅再建は自助が
基本と考えられているが，共助による取り組みやそれを支える公助がなけ
れば地域は復興しないことは国内外の経験が教えてくれる。リスクマネジ
メントにおけるリスクの軽減，回避，転嫁，受容に分類して，住宅減災復
興の内容を示す。地区防災計画を活用した事前住宅復興の先進事例を紹
介し，共助で取り組むことができる住宅減災復興について考える。

キーワード

住宅再建　住宅減災復興　リスクマネジメント　地区防災計画

第8章　地域を拠点とした共助による住宅減災復興

1　はじめに：住宅と地域づくり

　住宅は人間が生きるために欠かせない生活基盤であり，地域を構成する最も主要な建築物である。これは国や地域を問わない住宅の特質である。人間の居住が集積し，まちは形成される。豊かで，快適で，安全で，幸せな生活を人々が継続するためには，それが災害で奪われないように減災対策を講じることが基本だ。ただし，安全・安心の地域社会づくりは事前対策だけでなく，事後への備えを両輪で進めることが肝要である。忘れがちなのが，復興期をみすえた備えだ。事前に災いを減じる減災住宅づくり，事後の住宅再建を含めた「住宅減災復興」を進めるためには，どのような社会の仕組みや地域社会の関与が必要とされるのだろうか。本稿では地域を拠点とした，共助による住宅減災復興のあり方について論じる。

2　住宅再建における自助と公助

　現代日本は持家社会である。持ち家率は 61.8% に及び，残りの 35.4% が借家である（総務省統計局，平成 25 年度住宅・土地統計調査結果）。借家は公営，公社，都市再生機構（UR）などによる公的な賃貸住宅，給与住宅（いわゆる社宅），民間借家に分類されるが，公的住宅ストックは 10.7% に過ぎない。私有財産制社会において，住宅再建はその財産権を所有する者がその主体となることが原則と考えられている。つまり，住宅再建は自助努力で進めるべきだという認識である。よって，地震で住宅が倒壊したり，津波で住宅が流失した場合には，全国民の約 9 割にあたる住宅所有者が自らの財産を再建することが政府によって期待される。それが自力で困難である世帯には災害公営住宅が供給される。市場原理による住宅取得を基本とし，それが実現できない場合に対して住宅セーフティネットを用意するという平時の住宅政策が復興期にも適用さ

れている。平時の住宅政策の特質は災害時にも引き継がれるのである。災害多発時代には災害を非常事態として個別的に考えるのではなく，いつ災害が起きても機能する社会政策を整えておく必要がありそうだ。

　現代日本では住宅は私有財産とされている。ただし，先に述べた通り，それは同時に地域社会を構成する要素の一つである。地域が人口を取り戻し，公共施設，水道や電気などのライフライン，商店，病院などの人間が暮らすための機能を復旧し，まちの賑わいを再生するためには，地域住民の生活基盤となる住宅の再建が欠かせない。阪神・淡路大震災の復興まちづくりに尽力したプランナーの小林郁雄氏は次のように言う。「くらし（生活）の再生は都市基盤の復旧の基礎の上に，『住居＝すまい，職場＝しごと，社区＝まち』が同時に相補って再び元の状況を取り戻して初めて成り立つ」（小林, 2016）と。すなわち，住宅再建は地域復興を実現させるという公共性を帯びている。また，人間の安全保障という観点に立てば，生活基盤となる住宅再建は自助だけでなく，国家がそれなりの役割を果たさなければならないことは明らかである。阪神・淡路大震災を経験した被災地では，生活再建に対する公的支援施策の必要性を訴える市民運動が展開され，それが世論を動かして被災者生活再建支援法の成立にこぎつけた。1998（平成10）年の法制定当時は住宅再建に使用できないという規則があったが，それが2007（平成19）年に改正されて住宅本体の建設及び修繕に活用できることが認められた。その背景にはこの公共性の原理がある。自力住宅再建を行う主体が自助力を発揮するためには，それを後押しする公助が必要であることは，どうやら確からしい。では，住宅再建に共助は必要ないのだろうか。

3　個人プレーによる住宅再建だけでは地域が復興しない

　住宅再建は地域復興に欠かせないが，その集積だけでは復興は実現されない。それは阪神・淡路大震災をはじめとした国内外の被災地の経験が教えてくれる。筆者は復興を次のように定義している。復興とは被災者が災害前の生活を

回復すると同時に，持続性と復元力を高める社会づくりのプロセスである。言い換えるならば，暮らしやすさ（Livability），持続性（Sustainability），復元力（Resiliency）という能力（Ability）を向上させていくことだ。国連国際防災戦略事務局によると，復元力（Resiliency）とは，ハザードに曝されたシステム，コミュニティ，あるいは社会が，基本的な機構及び機能を保持・回復することなどを通じて，ハザードからの悪影響に対し，適切なタイミングで，効果的な方法で抵抗し，それを吸収・受容し，そこから復興する能力である（松岡，2015）。

　阪神・淡路大震災の特徴の一つは，既存不適格建築物が大きな被害を受けたことである。既存不適格建築とは，現行の建築基準法・同施行令の基準を満たしていない建物のことを指す。我が国では大きな地震が発生するたびに，建築基準法が改正を繰り返してきた歴史がある。建築に限らず，減災・防災対策は経験則によるところが大きい。震災で被害を受けた建築物を建て直す際には，その時点で最新の建築基準法の規則を遵守する必要がある。そのため阪神・淡路大震災後には地震で壊れにくい住宅が増え，燃えにくい市街地づくりが進み，ある一定以上は，地域の安全性が向上しているはずである。ただ，建築基準法を守ろうとすると，住宅再建をすることが困難な地域があった。それが震災で大きな被害を受けた木造住宅密集地域である。住宅が建つ敷地の規模が狭小なため，4メートルの前面道路を確保するという要件をクリアしようとすると十分な住宅の大きさが確保できず，戸建住宅が建てられない。これらに対応するために神戸市長田区野田北部では，専門家からの助言を受けながら，自分たちで住宅再建を遂げ，地域を安全なまちとして復興するための方策を地域で検討した。街並み誘導型地区計画や街並み環境整備事業などである。壁面位置のセットバックとそこに工作物を設置しないという規制をかけることと引き換えに，斜線制限や容積制限を撤廃させるという規制緩和を行い，個別の住宅再建を可能にした。街並み環境整備事業では細街路の整備を連続的に行い，震災前の街並みを継承している。これ以上の専門的な事項は割愛するが，住民たちが地域に居住し続ける環境を整えること，震災前からの課題であった木造住宅密集地域を暮らしやすい安全なまちへと再生させること等に，公的な制度を最大限に活用して実現したのである。地区計画は都市計画法で定められた制度であり，

街並み誘導環境整備には公的な補助金が支給された。そういった意味で両者は公的な仕組みであるが、これを実現するためには地域の協議のプロセスと合意形成、地域主体による住宅復興シナリオ作成、つまり共助が欠かせなかったのである。

　2005 年夏に米国メキシコ湾岸を襲ったハリケーン・カトリーナ（以下、カトリーナ災害）の被災地では何が起こったか。筆者は同災害の被災地ルイジアナ州ニューオリンズ市に 10 年以上通い、地域単位の住宅再建プロセスの記録や関係者への聞き取りを継続中である。約 1,500 人の人的被害、10 兆円を超える経済損失を出したこの広域巨大災害では、全米史上最大の被災者個人の住宅再建に対する補償が行われた。日本の被災者生活再建支援法では最大 300 万円の支給がされるのに対して、カトリーナにおける補償額は最大 1,500 万円に及んだ。この金額が公表された時、桁を読み間違えたのではないかと驚いた記憶がある。

　しかし、これだけ多額の公助が講じられながらも、ニューオリンズ市では「まだら住宅復興」が発生した。まだら住宅復興とは新築・修繕された住宅が建ち並びながらも、その周りに荒廃した空地や住む人がいない荒廃した放棄住宅などが点在する状況である（写真 1）。

写真 1　米国ハリケーン・カトリーナ災害の被災地ニューオリンズ市におけるまだら住宅復興、左から管理されない空地、放棄住宅、新築住宅（2016 年 9 月、筆者撮影）

第 8 章　地域を拠点とした共助による住宅減災復興

　人々が生活する新築住宅が増加するが，その周りに管理されない空き家や空き地がまだら状に分布するというコントラストを表現して，筆者がこのように呼んでいる（近藤，2017b）。個人プレーによる住宅再建の集積だけでは地域の居住環境は再生されない，ということをこの経験は教えてくれる。このようなまだら住宅復興に対して，ニューオリンズ市では手をこまねいていたわけではなく，共助と公助で立ち向かっている。まず，公助に関しては，私的財産に対する公的介入が行われている。災害 3 年目に市条例を改正して，所有者の許可を得ずに不動産の清掃・維持をできるようにした。この改正を後押ししたのは，市内に戻ってきた被災者からの市当局による放棄不動産に対する無策への批判である。災害 5 年目に市当局は自らの権限をより強化している。市条例に従わずに適切に管理されない不動産は，市当局による除却と不動産の収用を行い，同不動産のオークションを通じた売却を認めるルールに変更した。災害直後に放棄不動産の問題に対して行政が及び腰であった理由の 1 つが，市内に戻って再建することを検討している被災者の怒りを買いかねない問題であったためである。被災から 5 年が経過した時点で放棄不動産の解消に向けた強硬策が可能になった必然性はここにある（近藤，2017a）。一方，共助はどうか。私有財産である放棄住宅に対して公的機関ではない地域住民が何か手を講じることは困難である。彼らは荒廃した空き地における，環境悪化をストップさせるためにボランティアらの手を借りながら清掃活動を行った。さらには，土地所有者の承諾を得て，空地をコミュニティガーデンとして整備して，地域住民がその場所を利用しながら，環境を維持・向上させていくという取り組みがなされている。所有の有無に限定されない，利用の促進である。このような空き家・空き地対策は平時の日本社会でも大きな都市計画的な課題となっている。自治体による空き家等適正管理条例が先行し，国による空き家対策推進特別措置法（2015 年）が施行されている。平時における公助や共助による住環境問題を解決する仕組みを整えておくことは，災害時にも大きな役に立つはずだ。平時と災害時の公共政策の連続性を保つことである。ニューオリンズの経験は公助だけでなく，それに共助が加わることによって，問題解決が可能になることを教えてくれる。

　広域巨大災害である東日本大震災の被災地でも同じようなことは起きている

のだろうか。カトリーナ災害と同様に、沿岸部の低平地では空き地が広がっている（写真2）。災害危険区域には指定されなかったものの、津波浸水の被害を受けた低平地、かつ、行政による嵩上げなどの市街地整備事業が行われない白地地域である。ここでニューオリンズ市と同様の動きがある点に着目したい。それは共助による空地管理ではなく、自助による空地の利用だ。震災前は住宅が建ち並んでいたが、現地で住宅再建をせずに空地が点在することになったエリアでは、空地の隣に住む住民がその土地所有者に連絡を取って許可を得て、畑や花壇として利用している（Kondo, 2017）。行政はこのような地域の未利用地に対する土地利用計画を専門家らと共に検討しているが、どのような理想像が描かれたとしても、まちに住まい、まちを維持するのはそこに住む地域住民である。上記の事例は、被災者個人による自助が居住環境を悪化せずに快適に暮らしたいという想いに基づいた能動的な意思によって可能になっている。震災4年以降になってようやく被災自治体は白地地区を対象としてコミュニティづくりの支援を開始し、これと同時に地域住民によって構成される自治組織や支援団体による地域再生の動きが進みつつある。市街地整備事業が不在のエリアにおいて、地域単位のガバナンスが芽生えを見せつつある。このような地域住民による自律的なまちの環境を再生・維持しようとする動きは、広域

写真2　東日本大震災の津波浸水低平地に広がる空地（2016年6月，著者撮影）

第8章　地域を拠点とした共助による住宅減災復興

巨大災害には必ず要請される。

　津波による甚大な住宅被害に加えて，行政による災害危険区域の設定により現地再建が禁止されることや，津波の浸水を経験した地域から住民が転出する動きなどが低平地と高台の二極化と分断を引き起こしている。筆者は名城大学の柄谷友香教授と共に，自主住宅移転再建という現象に着目して研究を行っている。自主住宅移転再建とは防災集団移転促進事業などの行政による集団移転ではなく，被災世帯が単独で居住地の意思決定をして住宅再建をする行動である。言い換えると，市街地整備事業に依らない個別の自力再建である。彼らは早く，安心して生活できる場所で住宅を再建することを動機にして，このような意思決定を行い，再建行動を起こしている（近藤，柄谷，2018）。この研究で明らかになったことの一つは，自律的な個人単位による移転再建が災害前の人とのつながりを喪失させ，新しい地域でのコミュニティづくりが困難になっていることである。集団移転であっても，移転先の大規模団地にいろいろな地域から被災者が転入し，そこでのコミュニティ形成が課題となる事態は共通している。しかし，自主住宅移転再建の中には，災害前から居住している集落の中に個別に人が転入し，新旧入り混じった人々で新たなコミュニティを作り上げなければならない，というパターンがある。かつ，これらは市街地整備事業「外」であり，可視化されていないために，行政の目やボランティアなどの外部支援者の助けが届きにくい。新旧住民が互いの状況を理解し，尊重しあうことを通して，新たな地域を共助でつくりあげていくことが求められている。災害による居住地移動に伴うコミュニティのシャッフル化への対応は，共助を基本とするしか打つ手はない。

4　リスクマネジメントと住宅減災復興

　ここまで復興期における共助による住宅復興事例を紹介してきたが，次にリスクマネジメントという観点から住宅減災復興について考える。災害というリスクにつきあうには，4つの方法があるといわれている（林ほか，2008）。リ

スクの回避，リスクの軽減，リスクの転嫁，リスクの受容である。災害に備える安全な住宅づくりや災害後の住宅再建という住宅減災復興においては，この4つの方策からどのように切り込めるのだろうか。特に，共助の役割に着目しながら考えてみよう。

リスクの回避とは，文字通り，リスクを避けることである。活断層が直下にある地域，風水害による氾濫原，大規模で短時間に津波が襲来する沿岸部には居住しないということがこれにあたる。どこに住宅を建てるか，どこに住まうかの決断によって，リスク回避は可能になる。市民の自助による判断だけに任せるのではなく，公助による規制をかけることもできる。地震に対しては活断層法，風水害に対しては氾濫原での住宅建設禁止，津波に対しては災害危険区域の設定と高台移転の法律や条例などだ。滋賀県は住戸単位の想定浸水深を10年，100年，200年確率で示す「防災情報マップ」を公表している。これはリスクに応じた建築基準を定めるという規制を災害前に講じている点で先進的だ。馬場ほか（2017）は「このような仕組みは，土地利用や建築に対する規制という半ば強制的なアプローチではなく，住民の意思や判断で災害リスクが低い土地へ誘導したり安全な住宅を建てたりする行為へと誘導されることが期待出来る」と評価している。滋賀県の事例は，公助と自助をうまく連携させた減災住宅づくりの好例だ。ただ，災害前にリスクの回避のみを動機として，既に居住している住宅を手放し，新たな土地を求めて住宅を新築することは考えにくい。世帯分離や住み替えなどにおけるタイミングに，自治体が発行するハザードマップを閲覧し，災害リスクを鑑みて住む場所を決めるということはできそうだ。

先に述べた東日本大震災における自主住宅移転再建は自助によるリスクの回避に相当する。共助はどうか。東日本大震災の被災地では行政によって防災集団移転促進事業が実施されているが，これは誰がそれを主導して進めたかによって，行政主導型，住民主導型に分類することができる。住民主導型では自分たちで移転する場所を探し地主との交渉を行う，誰と一緒に移転するかという集団規模を決める，という意思決定を地域で行っている。写真3は岩手県陸前高田市米崎町における地域主導による自主住宅移転再建だ。

周りは農地が広がり，すぐ近くには震災前に暮らした海辺が広がる立地であ

第8章　地域を拠点とした共助による住宅減災復興

る。一見すると，防災集団移転促進事業による住宅地開発に見えるが，同事業の補助金は活用されていない。震災前からの地域住民らが工務店に相談して，ある住民の持ち地であるりんご畑を農地転用して，親しい近所同士でまとまって移転した事例である。入居者はもともと近所だった人や親戚であったため，坪数やどの区画に住むか，造成や道路工事費等について，地主を中心にスムーズな話し合いが行われた（岩附ほか，2016）。事業の活用有無を問わず，住民主導型の共助による集団移転は，リスクの回避のみならず，持続的に暮らしていける形を実現する上で非常に合理的な方法である。これは減災だけに限定しない，地域住民にとって暮らしやすい居住環境の再生の取り組みだ。

　2つ目のリスクの軽減とは，リスクが最小限になるような緩和策を指す。河川堤防，防潮堤，ダムなどの行政による都市インフラの整備がイメージしやすい。住宅であれば耐震化や風水害に対する土地の嵩上げや基礎部分を高くした住宅建設などがある。阪神・淡路大震災では，住宅による倒壊で多くの人が命を失ったことを反省し，その後，急速に住宅の耐震化を促すための公的な制度が用意された。国は建築物の耐震改修の促進に関する法律を制定し，耐震化率の目標を設定した。自治体レベルでは同法に基づいて，耐震改修促進計画の策

写真3　東日本大震災における自律的集団移転（2015年8月，筆者撮影）

164

定や耐震診断・補強にかかる補助金支給などを行っている。特に耐震補強は私有財産に対する補助であり，減災住宅づくりにおける公助の進展である。減災住宅づくりを進める上で多くの施策が行政によって展開されるに至っている。しかし，耐震補強で支給される金額だけではそれを完了することはできず，自助による個人負担が必要となる。耐震化は自助だけで取り組むべきことか。否である。自らの命と財産を守るために自助は必要であるが，それを怠ると地域社会にも大きなダメージを与える。住宅が倒壊して道路閉塞が起こると，地域住民の避難行動ができなくなり，消防や警察などの消火や人命救助などの活動を妨げる。自助の放棄は地域を破壊する。復興期と同様に，個人プレーによる耐震化がまだら状に進んでも，地域の防災力は十分に上がらない。よって，耐震化は，自助だけでなく，共助も合わせて進めるべき取り組みだ。筆者も策定に関わった大阪府の住宅・建築物耐震10カ年戦略プランでは，共助による耐震化が計画のなかに盛り込まれている。地域の自治組織との連携を強調し，「建物の耐震化を含めた防災意識の向上や防災情報の共有を行うことで，より地域に根ざした対策が講じられることが重要と考え，市町村や土木事務所，自主防災組織，地元自治会と連携し取り組む」と明記されている。また，耐震化率を向上させる方策は，非耐震建築物の補強や建て替えを促進するだけにとどまらない。老朽化した建築物の除却を促すことも有効だ。除却がなされた場合，耐震化率は上がり地域の防災性能は向上するが，それによって生み出された空地が地域によって適切に管理され積極的な利用が行われないと，快適に暮らすことができるまちにはならない。

　3つ目のリスクの転嫁とはリスクが顕在化しても，それを自らが受容せずに，何かに転嫁するための対策を指す。地震保険の加入が最もわかりやすい例だろう。日本の地震保険は民間が運営しているが，その原資は個人の掛け金であり，それだけで足りない場合は国庫で補填される。自助を基本として，公助がそれをささえるリスク転嫁である。阪神・淡路大震災が発生した当時の地震保険加入率は3％程度であったが，20年が経過し，約25％まで延びている。全国の地震保険の加入率は30％ほどであり，兵庫県は依然として全国平均を下回っている。それに対して，東日本大震災の被災地である宮城県では2010（平成22）年の加入率は59.9％であり，これは震災後の住宅再建に大きく寄与したと

第8章 地域を拠点とした共助による住宅減災復興

推測できる。地震保険は損害のカバーではなく被災者の生活の安定という公共目的に資するために設計された制度（永松，2008）であるため，被災者住宅再建支援金や地震保険だけで住宅を再建するのは不可能である。そこで必要になるのが共助によるリスク転嫁である。兵庫県が設立した兵庫県住宅再建共済制度（通称：フェニックス共済）は国による被災者生活再建支援金と地震保険に対する上乗せとして位置づけられる制度である。フェニックス共済では国の支援法では対象とならない半壊や一部損壊を給付対象とし，年額5,000円で最大600万円の給付を受けることができる。

　最後にリスクの受容とは，リスクを受けることを前提として，事後に何とか対応しようとする策である。例えば，津波の襲来が予想される地域であっても，沿岸部での暮らしを継続するために，住宅移転は行わないと決めて（リスクを受容し），いざ地震が発生して津波襲来が予想される場合には，避難行動で自分の命を守るという方法がそれに相当する。東日本大震災ではリスクの回避，軽減に対して多額の復興交付金事業が支給されているが，リスク受容によるリスクマネジメントは軽視されている傾向がある。確かに，安全・安心は私たちのより良い暮らしには欠かせないが，復興期にそれを優先しすぎて失うことも多い。漁業や農業などの生業と一体化した住まい，海辺で享受する景観，場所に根差した地域の文化やコミュニティなどを持続させる復興を追求することはできなかったのだろうか。

5　住みよい居住環境づくりと減災

　減災と住環境の向上を進めるにあたって参考になるのが，神戸市まちなか防災空地整備事業である。同事業は神戸市と土地所有者と地元組織が三者協定を締結し，空き家及び空き地を"防災空地"として整備する事業である。空き家である場合は除却費が市から助成される。空き家の除却は耐震化率の向上にも有効である。"防災空地"とは，火事や地震などの災害時に地域の防災活動の場となる。阪神・淡路大震災時に，住宅密集地で大規模火災が起きた教訓から，

延焼拡大を防ぎ，災害時は一時避難場所として利用する空地の重要性が認識された。災害リスク軽減だけにとどまらず，日常におけるコミュニティの場とすることが期待されている。この事業の地域の担い手は自治会やまちづくり協議会である。しかし，筆者らが2017（平成29）年に自治会役員に対して行った質問紙調査によると，約半数は空地の管理が大きな負担であることを理由に同事業への新たな参画をためらっている（小津，2018）。高齢化が加速する社会において，その管理や利用を地域の自治組織や住民のみに依存することには限界がある。一方で，未接道宅地，狭小宅地が多い，民間の市場原理での不動産取引が成立しにくいエリアにおいては，本事業による公的介入の意義があるだろう。人口が減少している中で，すべての空地の利用方法を定め，整備を行っていく必要はない。人が減れば，自ずと利用も減ずる。管理については，公共施設の指定管理制度を用いて，ある一つの地区における空地管理を委託することはできないだろうか。空地の利用や管理を過度に「計画」する必要はなく，最低限の管理を行い，それを余白地として維持するだけでも，火災延焼リスクの低減，コミュニティ創出，居住環境の向上などには大きな効果が期待できそうである。高度経済成長期に開発されたニュータウンは「必要に応じてまちを変えていく余地（スペースシステム）がなかった」点に課題が残ったと，大阪市立大学名誉教授住田昌二先生は指摘している。計画が固定化するほど，土地の利用方法は制限される。人口減少高齢社会における郊外住宅地のゆくえは，計画行為のダウンサイジング，自治組織（共助）のみに依存しない第三者も加えた管理，住民の主体的な利用・管理を促すことに対する公的介入（公助）にかかっているのではないか。

6 事前住宅復興と地区防災計画

地区防災計画は共助による防災活動を推進するために，居住者らが行う自発的な防災活動を推進するために創設された制度である。東日本大震災を受けて行われた災害対策基本法の改正（2013年）によって誕生した。全国的に地区

第8章　地域を拠点とした共助による住宅減災復興

防災計画の策定は進みつつある。内閣府は事前，災害直後，復旧・復興期の各段階で想定される防災活動が整理されることを期待しているが，実際に計画書をめくってみると，中心的な活動は事前の予防と災害直後の応急期に備えた防災訓練や要配慮者の支援，避難所運営などである。そのような中で，高知県高知市下知地区は事前復興対策を含めた地区防災計画を策定している（鍵屋，2016）。そこでは，仮設住宅における生活への備え，学校の再開計画などが含まれている。住宅の被害を受けて住む場所を失った住民が暮らすことになる仮設住宅での暮らしをより良いものにするためには何をすべきかが，地区防災計画策定プロセスにおいて検討されている。中でも特に興味深いのが事前に災害公営住宅を建築しておくという提案である。既存の老朽化した市営住宅を建て替えておいて，いざ災害が発生した時にはそれを公営住宅として供給することを市に提案している。地域に住民が帰還してまちを復興させていくためには災害公営住宅が重要な役割を果たすはずであり，それを先に建設しておくことで人口回復をより早期に実現するといった住宅復興シナリオが検討されている。すなわち事前住宅復興策である。高知市はこの地区防災計画を市による地域防災計画に取り入れる予定である。地区防災計画学会の会長である室崎益輝先生は次のように指摘する。「地区防災計画の仕組みは，共助と公助が連携することが重要である。地域防災計画のなかに位置づけられて初めて成り立つ。共助と公助の関係を新しい段階でとらえなおすことができるところが，地区防災計画の優れた点だ。」（リスク対策.com，2017）。

7　あとがき

　住宅減災復興は自助，共助，公助がそれぞれの役割をきちんと果たし，互いに連携しながら進めていくことが必要だ。災害多発時代に入った日本で住宅減災復興を促していくためには，平時の住宅政策を災害時にいかに機能するかという観点で見直すことも必要となってくるであろう。平時から災害時への連続性を確保した公共政策の再点検は，公助に期待される大きな課題である。ただ，

政策や制度を作る基礎となるのは，自助や共助による自律的な取り組みだと筆者は考える。災害復興の現場における自助と共助の実践，より一層の災害前の減災住宅づくりの拡大と発展が公助を変える原動力となる。24 年前の阪神・淡路大震災で被災者たちが訴えた生活再建を求めた市民運動が国の法律制定を突き動かしたように。

《参考文献》

- 岩附千夏，柄谷友香，近藤民代 2016「東日本大震災後の自主住宅移転再建に果たした民間事業者の役割と課題」(『地域安全学会梗概集』36 号，53-56 頁)
- 小津彩夏 2017「神戸市まちなか防災空地整備事業における地域住民による防災空地の管理・利用の実態と条件に関する研究」(2017 年度神戸大学大学院工学研究科修士論文)
- 鍵屋一 2016「事前復興を中核とした地区防災計画について－高知市下知地区の取り組み事例を中心に－」(『消防防災の科学』124 号，23-27 頁)
- 小林郁雄 2016「震災 21 年の神戸から伝える復興まちづくりと市民まちづくり支援」(日本建築学会 建築討論委員会『建築時評』)
  http://touron.aij.or.jp/2016/04/1785 (閲覧日：2018 年 5 月 22 日)
- 近藤民代 2017a「米国ハリケーンカトリーナ災害の被災市街地における不動産移管・再生プログラムによる居住環境再生」(『日本建築学会計画系論文集』82 巻 733 号，715-721 頁)
- 近藤民代 2017b「被災市街地における住宅ストックおよび土地利用の長期的経年変化と不動産移管・再生プログラムの効果－ハリケーン・カトリーナ災害におけるニューオリンズ市の住宅再生に関する研究その 3」(『日本建築学会計画系論文集』82 巻 736 号，1511-1520 頁)
- 近藤民代，柄谷友香 2018「東日本大震災 5 年までの自主住宅移転再建者の意思決定と満足度の関連要因－岩手県および宮城県の沿岸 9 市町の新規着工戸建住宅を対象とした質問紙調査を通して」(『日本建築学会計画系論文集』83 巻 747 号，917-927 頁)
- 総務省統計局「平成 25 年住宅・土地統計調査結果」
- 永松伸吾 2008『減災政策論入門－巨大災害リスクのガバナンスと市場経済 シリーズ災害と社会 4』(弘文堂)
- 馬場美智子，岡井有佳 2017「日仏の水害対策のための土地利用・建築規制－滋賀県の流域治水条例とフランスの PPRN を事例として－」(『都市計画論文集』52 巻 3 号，610-616 頁)
- 林春男，牧紀男，田村圭子，井ノ口宗成 2008『組織の危機管理入門－リスクにどう立ち向

えばいいか−』（丸善出版）

- 松岡由季 2015「兵庫行動枠組と国際防災分野の発展」（ひょうご震災記念 21 世紀研究機構編『阪神・淡路大震災 20 年：翔べフェニックス II：防災・減災社会の構築』, 165-189 頁）http://www.hemri21.jp/phoenix2/（閲覧日：2018 年 5 月 22 日）
- リスク対策.com 2017「地区防災計画で、共助・公助の連携を新しい段階へ−地区防災計画学会公開シンポジウム「九州北部豪雨の教訓と地域防災力」−」http://www.risktaisaku.com/articles/-/4240（閲覧日：2018 年 5 月 22 日）
- Kondo T, (2017) Planning challenges for housing and built environment recovery after the Great East Japan Earthquake, in Vicente Santiago-Fandino et al. eds., *The 2011 Japan Earthquake and Tsunami: reconstruction and restoration insights and assessment after 5 years*, Springer

コラム 災害復興・防災のための地籍図・古地図の利用

藤田 裕嗣（神戸大学大学院人文学研究科）

筆者が専門としている歴史地理学は、現前に見える「景観」を歴史の積み重ねとして捉える地理学の観点から歴史現象にアプローチする。そこでキーになるのは、地図である。

「災害復興・防災」を問題にするのに、地震や火災などの被災状況を具体的に図示した「災害図」も近世以降、数多く作られている。それを対象とした研究を、文献史学者も試みているのに対し、歴史地理学の特徴は、前近代を中心とした過去の景観を復原するのに、明治初期に全国で一斉に作成された地籍図を用いてその当時の土地区画を確認する手法が取られる点にある。その立場から上述した地籍図に筆者は注目して、プロジェクト（2012-15年度科学研究費補助金「災害復興・防災のための地籍図・古地図を活用したGISデータベースの構築」）を推進した。東日本大震災の復興支援をもちろん狙い、主なフィールドは、史料が揃っている点から、東北3県（岩手・宮城・福島）の中で福島県を選んだ。明治初期以来続く土地区画の所有権に関するデータは、地籍データとして連綿と現代まで

引き続き、更新されている。この景観の後身が大きく被害を受け、今では一部しか残されていない場合でも、この地図に重きを置くことで、被災前の景観を地図上で「復原」できるのである。

本プロジェクトの特徴は、以下の5点が挙げられる。

(1)小字地名のデータの確保

　明治初期の地籍図に記載されている貴重な小字地名は、今や使われていないために、地元でも忘れられつつある。さらに、過去の地籍図自体が、新しい地籍図の作製とデジタル化によって効力を失っている上に、その重要性が認識されないまま処分されると、小字の位置を確認する術は、永久に失われる。

(2) 土地区画に関する地籍データの保存

　津波などの被害を受け、集団移転するにせよ、元の町並みを生かすにせよ、その前提として、個人ごとの土地区画の境界と面積などを確定することが重要であり、作成された当時の土地区画が描かれている地籍図は、被災前の景観を地図上で「復原」

するための資料になる。(1) で指摘した危機を克服する機縁となる，との期待もできよう。本プロジェクトでは，地籍図を用いて明治初期の景観を復原した地図データを被災した地区住民に提示することで，復興への営みを側面から支援しようと試みた。

(3) 近世絵図からの技術－絵図自体の精度と土地家屋調査士との連携

地籍図自体の精度は，明治初期という作成当時の技術的な制約から，高くはない。その制約は，近世絵図との連続性に由来するが，その道の専門家である土地家屋調査士による勘や判断も，この弱点を克服するキーになる。我々，歴史地理学者も，研究の過程で，そのような勘は育っている。

(4) GIS の活用

地理情報システム（Geographic Information System：以下，GIS)は属性に関する統計情報について，コンピュータ上で各々の位置情報に基づいて，瞬時にして地図化するシステムである。GIS に乗せることで，土地区画に関するデータと小字の境界を確定する作業も進めた。地籍図などの絵図自体も，GIS に乗せることが可能で，正確さも判定できるま

で,我々の技術も進歩してきた。(3) で示した制約をも克服しつつ，復興への道筋を付けようと考えた。

(5) 全国への波及効果

海溝などを震源として規模の大きな地震が起こった場合，平成23年（2011年）東北地方太平洋沖地震のような津波被害の発生は，ほかの地域でも十分に予想される。東南海・南海地震もその一つであり，東日本大震災の被災地に関する復原作業による経験を次の災害が起こる前に全国に及ぼすよう，目指している。地域社会に長く生きる故老の記憶を呼び起こすことで，復興に向けた活力に結びつけたい。

上述したプロジェクトでは福島県の東北隅に当たる相馬市をフィールドに進め，具体的には相馬中村城下町の外港に指定された原釜を取り上げた。津波の被害を受けた1年半後（2012年9月）の写真（写真1）と，その部分について GIS が活用された成果の一部（図1）を示す。後者は，小字須賀畑と船越に限られるが，1938（昭和13）年を中心に宅地の変化について抑えるために，1933（昭和8）年以来，宅地に「地目変換」された土地区画を図示している。

《参考文献》
- 北原糸子 2003『近世災害情報論』(塙書房)
- 杉本史子ほか編 2011『絵図学入門』(東京大学出版会)

写真1　福島県相馬市原釜(2012年9月)

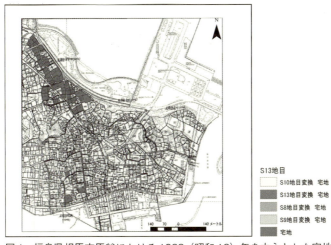

図1　福島県相馬市原釜における1938(昭和13)年を中心とした宅地の変化(小字須賀畑・船越)

第9章
災害時要援護者支援について

大西 一嘉
神戸大学大学院工学研究科

在宅医療の普及, 高齢者・障害者在宅福祉サービスの進展により, 住み馴れた地域で暮らせる環境が整備された結果, 日常時・非常時を問わず, これら要援護者を支える地域の役割は増大している。超高齢化が進む現代日本の地域社会は災害時に特別な配慮を必要とする人々が増える一方で, 地域のつながりや支え手等の社会資源不足という現実に直面している。乳幼児や妊婦, 旅行者・外国人等へのインクルーシブ福祉防災の関心も高まり, 直接的被害のみならず, 災害に関連して起こるさまざまな支障軽減へのニーズも高まっている。ここでは, 東日本大震災の地震発生直後における民生委員の地域内要支援者等に対する避難支援行動に関する現地調査をふまえ, 今後の課題を示す。

キーワード
要配慮者　高齢者・障害者　避難支援　福祉避難所　インクルーシブ防災

第9章　災害時要援護者支援について

1　はじめに

　本節では大西（2016）に基づき，要援護者の避難支援の背景について解説する。
　2013（平成25）年の災害対策基本法改正により，市町村に避難行動要支援者名簿づくりが義務付けられ，災害時要援護者向け対策は防災行政の大きな関心事の一つだ。しかし，名簿活用にあたって重要となる避難支援者とのマッチングをはかる個別計画づくりは進んでおらず，総務省消防庁によると，避難行動要支援者名簿作成率が97.0％（1,687市町村）に対して，個別計画は，すべて策定済が1割（239市町村），未策定等が4割となっている（2018年11月5日発表）。
　災害時の避難支援にあたっては，従来から以下のような課題が指摘されている（全国民生委員児童委員連合会，2013）。
　①支援者自身も被災するため，発災時にできる支援は限られる。
　②災害種別や地域特性によって発災直後の対応に大きな違いがある（地震時の津波危険，豪雨時の地形・降雨量の差異等）。
　③支援者が不在時には，発災の直後対応が困難である。
　④情報通信や電気の停止，道路寸断や渋滞等による，支援者の行動支障が大きい。
　⑤高齢化や障害者地域移行が進むなか，地域で支え手を見つけることが困難である。
　国は2005（平成17）年に全国の市町村に「災害時要援護者避難支援計画」策定と個別計画づくりを求めたが，個人情報保護や避難支援者の成り手不足などの課題もあり思うように進まなかった（内閣府，2006）。宮城県石巻市では全国に先駆けて2007（平成19）年に「石巻市災害時要援護者等支援要綱」を策定し，モデル地区を設定して町内会長，民生委員等が中心となり，地域住民による安否確認や避難誘導等を行う「防災ネットワーク」づくりを進めていたが，2011（平成23）年3月11日の東日本大震災の発生が平日昼間であったため，発災時に外出中の民生委員や支援者がいて，思うような避難支援活動には至ら

176

なかったケースも多かった。東日本大震災で亡くなった方の 6 割を高齢者が占めており，さらに，障害者の死亡率は一般の人々の 2 倍，宮城県だけでみると 4 倍である。なかでも，石巻市は，直接死 3,230 人（津波を含む），災害関連死 198 人，行方不明者 499 人（2012 年 5 月付，石巻市調べ）という被災市町村のうち最大の人的被害となり，災害時要援護者にも多くの死者が出た（表 1，表 2）。

表 1　宮城県の全死亡率と障害者死亡率の比較

	人口総数	死者数	死者数／総数
宮城県全体	234 万 6,853 人	9,471 人	(0.4%)
うち障害者	10 万 7,150 人	1,028 人	(1.7%)

出典：内閣府（2012）

表 2　石巻市の障害者等の人的被害

震災時の要援護者名簿登録者数(H22.4.1)	7,241人			
要援護者名簿登録者のうちの死亡者数推定	370人 (5.1%)			
障がい者手帳保持者総数	発災時 8,140人		平成24年度 7,643人	
障がい者死亡者総数(実数比)	397人 (5.0%)			
障がい者種別死亡者数(※重複障がい者含む)				
身体障がい者(351人)			知的障がい者	精神障がい者
肢体不自由	視覚障害	聴覚障害	その他障害	28人	23人
176人	24人	25人	126人	※重複障がい者含む	

出典：石巻市（2014）を基に筆者作成

　　ここでは，宮城県石巻市内の民生委員・児童委員（以下，民生委員）担当地区（全 16 地区）を対象に，東日本大震災の地震発生直後における民生委員の担当地域内の要援護者等に対する避難支援行動に着目し，各地区ごとに民生委員へのグループインタビューによる現地調査（竹葉，大西，田島，2013；田島，大西，竹葉，2013）を行った結果を紹介する。民生委員は地域での高齢者見守り活動が主な役割とされるが，地震発生直後から要援護者の安否確認や避難支援活動にあたっていた民生委員のうち，被災地全体で 56 人が亡くなられている。

2 東日本大震災における民生委員の要援護者避難支援行動

(1) 地震直後の民生委員行動調査

アンケート調査では，質問項目として，民生委員の属性（男女比，年齢構成，見守り人数等），地震発生時の状況及び当日の行動，民生委員自身や要援護者の被災状況，避難支援行動等を聞いた。さらに，民生委員ごとに担当地区の地図を添付し，地震直後から津波襲来時刻までの民生委員の行動軌跡記入を依頼した。ただし，津波到達地区の内，民生委員一人当たり担当面積が大きすぎるエリアは除外し，比較的人口密度が高い沿岸部で津波被害が顕著であった門脇，湊，渡波，釜・大街道，荻浜の5地区のみを対象に行動調査を依頼した（図1）。

地震直後の民生委員の詳細な行動から，各地区における避難支援行動の傾向を把握し，①国土地理院の津波浸水範囲図（国土地理院，2011）と民生委員の行動の関係性，②行動の優先順位，③支援行動が制約された理由等について考察した。

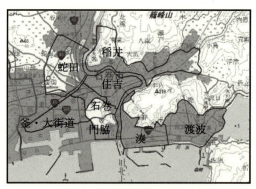

図1　行動調査対象5地区の津波浸水範囲図
出典：国土地理院（2011）で作成された国土地理院発行の10万分1浸水範囲概況図を基に筆者作成

3 調査結果

■ 民生委員の状況

(1) 民生委員の属性

民生委員の属性について，女性が約7割を占める。年齢は65歳以上が約6割で，就任期間が1年以下と経験の浅い方が3割である（表3）。

表3 民生委員の性別・年齢・経験年数

性別	男性		女性		
	33.0%		67.0%		
年齢	54歳以下		55～64歳	65歳以上	
	5.1%		38.0%	56.8%	
経験年数	1年以下	2年目	3年目	4年目	5年以上
	31.3%	2.8%	5.3%	17.6%	43.0%

出典：大西（2016）

民生委員一人が担当する見守り活動対象者数で最も多いのが「1～10人」の44％，次いで「11～20人」の26％である（図2）。最小で1人，最高で200人との回答があった。民生委員一人が担当する自力避難困難な要援護者

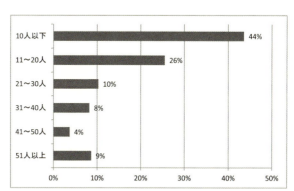

図2 民生委員の見守り活動対象者（N=243）
出典：竹葉・大西・田島（2013）

担当数は平均4人程度だが，11人以上（26％）等，災害時に民生委員一人に依存していては，限られた時間内に全員の避難支援を完了できない厳しい現実

が読み取れる。地区によって差はあるが，民生委員だけでなく協力委員や町内会との連携が欠かせない。

(2) 民生委員の地震発生時の居場所

地震直後の民生委員の居場所について図3に示す。地震直後，自宅に居た人が53％，市内に居た人が30％，市外等の遠方に居た人が10％であった（図3）。平日昼間の活動時間帯であり，仕事等により自宅を留守にしていた人が半数近くおり，要援護者に対し民生委員全員が迅速な避難支援をすることはできなかったことが示される。

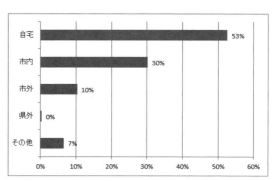

図3　民生委員の地震発生時の居場所（N=291）
出典：竹葉・大西・田島（2013）

(3) 民生委員の被災状況

民生委員の身体・自宅の損傷の有無と津波被害程度による差異は出ていないが，避難生活の有無は津波被害との関連が深い（図4）。

(4) 民生委員の地震後の行動

地震直後，地震・津波情報の入手方法は，防災無線やラジオからが多いものの，防災無線が場所により聞こえなかったことも報告されており，今後の課題であろう。通信障害によって，携帯電話は使えなかったケースも多い。近所(周囲)の人から情報を得た民生委員も多く，日頃の地域コミュニティとのつながりが重要といえる。津波が到達した地域では，近所で声を掛け合いながら高台に避難している（図5）。

地震発生直後の行動は，要援護者の安否確認，避難誘導など地域の避難支援に率先して取り組んだ民生委員が多い。津波到達地域では，避難行動が優先的に行われた非津波到達地域では，安否確認を優先する回答が多かったが，津波到達はあくまで結果である。津波警報発令下で安否確認を継続することの被災リスクも十分に考慮しなければならない（図6）。

3 調査結果

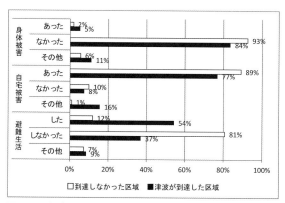

図4 民生委員の被害状況
　　身体被害(N=278)，自宅被害(N=284)，避難所生活(N=283)
　　出典：竹葉・大西・田島（2013）

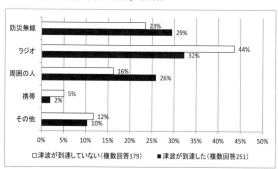

図5 地震，津波情報の入手先（複数回答）
　　出典：竹葉・大西・田島（2013）

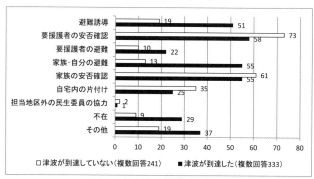

図6 地震直後の行動（複数回答）
　　出典：竹葉・大西・田島（2013）

第9章 災害時要援護者支援について

　自宅外にいた民生委員は，担当する要援護者への支援がすぐにできなかった。民生委員の不在時に対応した災害時相互支援体制を地域内で考える必要性が指摘された。また，避難支援や安否確認について，限られた時間では，各々の民生委員は担当するすべての要援護者宅を回る余裕はなく，津波が到達した区域で8割，結果的に津波が到達しなかった区域でも4割の民生委員が「避難支援や安否確認ができなかった」と回答している（図7）。

　避難支援の協力を求めた相手について一番多かったのが，町内会・自治会の役員，次いで，家族・身内，近所の方である（図8）。日頃からのつながりが，

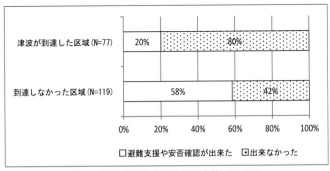

図7　避難支援や安否確認の実施（N=196）
出典：竹葉・大西・田島（2013）

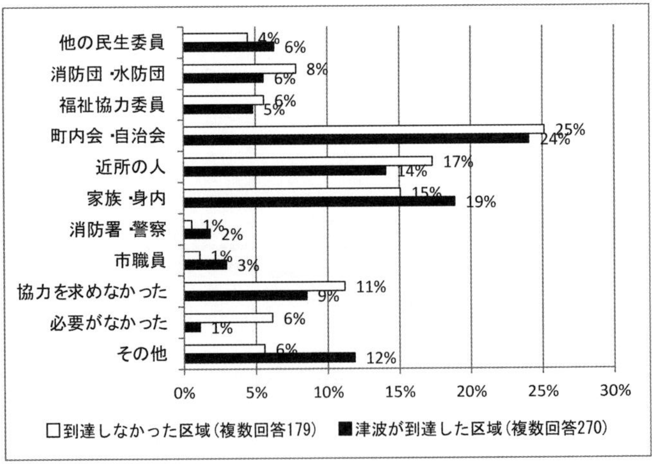

図8　避難支援協力を求めた相手（複数回答）
出典：竹葉・大西・田島（2013）

避難支援の協力の要請や連携に結びついている。

　地震発生直後に安全な場所へと避難し始めた時間は，約7割強が地震後30分以内であるが，避難支援を行いつつ自身の避難を行った場合，30分以上と回答した人も多い（図9）。

　石巻市では，地震の約35分後に4.1〜3.3mの津波が襲来していることから，避難支援の途中で津波に遭遇した民生委員もいる。今後の避難支援計画を考えていく上で，避難支援を中断して高台へ退避を始める避難限界時間の目安を示してほしいとの声があった。

　津波ハザードマップを確認していると答えた民生委員は35％と限られた（図10）。

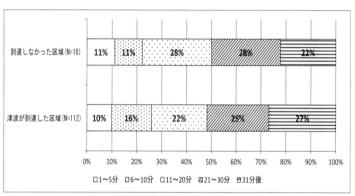

図9　避難開始時間（N=130）
出典：竹葉・大西・田島（2013）

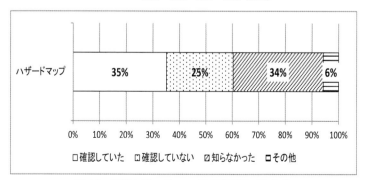

図10　津波ハザードマップの確認状況（N=214）
出典：竹葉・大西・田島（2013）

第9章　災害時要援護者支援について

■ 災害時要援護者の状況

(1) 災害時要援護者の避難手段

要援護者の避難手段は，徒歩が多く約半数，車での避難も4割あった。津波到達地区かどうかの違いはない（図11）。要援護者には歩行困難者も多く，車での避難が必要な場合もある一方で，震災当日は渋滞や，瓦礫で車が通行困難となった例も多く報告されることから，今後の避難支援計画では，避難搬送手段について十分でかつ柔軟な検討が必要である。

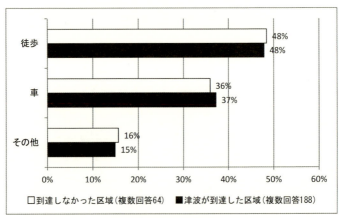

図11　災害時要援護者の避難手段（複数回答）
出典：竹葉・大西・田島（2013）

(2) 災害時要援護者の避難拒否

民生委員の避難の呼びかけに対し，要援護者に拒否された者は約7割ある。避難時間が限られる中で要援護者の避難拒否を説得する努力は，民生委員の被災リスクを高める結果となっている。

4 地図記載内容による行動分析結果

■ 民生委員の行動と津波浸水エリア

　地震直後の民生委員の行動調査を行った5地区において，民生委員の行動と津波浸水エリアの関係についての分析結果を以下に示す。

　「門脇地区」では，地震直後における地区内での詳しい津波避難行動が判明した民生委員12人中，4人が地区内を巡回して避難支援のための声掛けに回

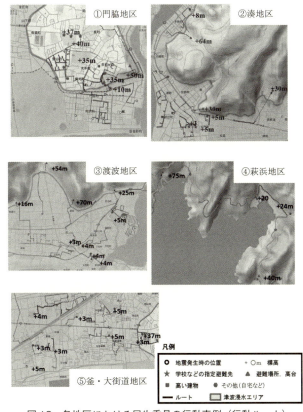

図12　各地区における民生委員の行動事例（行動ルート）
出典：田島・大西・竹葉（2013）

っており（内2人は高台地区居住者の行動），8人は比較的早く避難場所に向かった（図12）。

「湊地区」は全域が津波被害を受けており，14人中6人が巡回し避難支援，4人が早期に避難した。

「渡波地区」も「湊地区」とほぼ同様の状況で，5人が巡回し避難支援，5人が早期に避難した。

「荻浜地区」は小集落のため，5人の民生委員のうち，見回りにやや時間がかかったのは1人である。

「釜・大街道地区」は，13人中7人が巡回し避難支援，6人が早期に避難した。

■ 避難支援の優先順位

アンケート調査結果によると，7割以上の民生委員が要援護者や周辺住民への声掛けを行っている（図13）。地図による地震直後の行動調査の読み取りでは，直線的に避難先へ向かったように記載していても，避難途中に声掛けした方が少なからずおられ，民生委員が地域の避難支援に果たした役割は大きい。一方，担当地区外や自宅外にいたケースでは自分や家族の避難を優先していた。

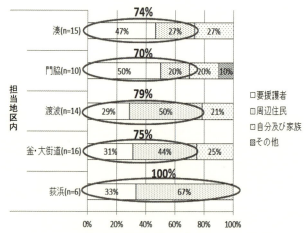

図13　民生委員が避難の呼びかけを優先して行った対象
出典：田島・大西・竹葉（2013）

5 おわりに

　本稿は，東日本大震災の地震発生直後，民生委員の担当地域における，要援護者等に対する避難支援行動調査結果について紹介した。調査から見えてきた課題とその対応策等を以下に示す。

(1) 地域における避難支援体制のあり方

　災害時に個人が駆けつけて避難支援する仕組みだけでは限界がある。要援護者の避難支援が期待される民生委員の不在時を想定した，地域ぐるみの要援護者避難支援対策や情報伝達手段等を整える必要がある。一方で震災当日，民生委員が不在だった地区の要援護者が，近隣住民や訪問介護ヘルパー等の避難支援により助かったケースもあった。民生委員や町内会長を核に地道に取り組む避難支援活動が，地域の中に防災への意識を根付かせる可能性を見いだせる。

(2) 避難支援者の安全確保

　震災前年に発生したチリ地震（2010年2月27日）で発令された「大津波警報」では，津波被害がなかった経験もあり，避難を呼びかけた民生委員の約7割が担当要援護者の避難拒否にあっている。民生委員自らが命を失わないためには，逃げ遅れを防ぐルール作りが不可欠である。また，散乱した自宅の後片付けに時間をとられた民生委員も少なくない（図6）。家具固定等，支援者自らの被災を軽減する防災への取り組みも重要である。

(3) 障害者当事者の個別性への対応

　聴覚障害等の障害者避難支援に，民生委員は不慣れで切迫した状況を伝えるのに多くの時間を要した。さまざまな障害特性に対応した避難支援対策の検討，事前研修や，障害の当事者も参加した訓練が求められる。

(4) 避難生活での要援護者支援

　発災の直後段階だけでなく，避難所生活においても継続的な要援護者支援の必要性は高い。関連死を防ぐなど，要援護者のための福祉避難所は有効な方策とされるが，全国的には福祉避難所の整備や拡充が強く求められる現状にある。仮設住宅や生活再建支援等，復旧・復興段階に至る切れ目のない要援護者支援

第 9 章　災害時要援護者支援について

の仕組みが必要とされる。

　豪雨災害など事前に避難情報が出された場合の避難支援のあり方や，災害特性に応じた対応についても，さらに検討を深める必要がある。

《参考文献》

- 大西一嘉 2016「要援護者の避難支援」（東日本大震災合同調査報告書編集委員会『東日本大震災合同調査報告　建築編 10　建築計画』，68 − 71 頁，日本建築学会）
- 国土地理院 2011「津波浸水範囲の土地利用別面積について」
  http://www.gsi.go.jp/common/000060371.pdf（閲覧日：2019 年 1 月 9 日）
- 全国民生委員児童委員連合会 2013「民生委員・児童委員による災害時要援護者 支援活動に関する指針」
- 竹葉勝重，大西一嘉，田島和幸 2013「宮城県石巻市の民生委員に対する東日本大震災での要援護者支援活動に関する研究（その 1）−アンケート調査に基づく実態の把握とその課題−」（『地域安全学会東日本大震災特別論文集』2 号，73 − 76 頁）
- 田島和幸，大西一嘉，竹葉勝重 2013「宮城県石巻市の民生委員に対する東日本大震災での要援護者支援活動に関する研究（その 2）−地図による行動分析に基づく実態の把握とその課題−」（『地域安全学会東日本大震災特別論文集』2 号，77 − 80 頁）
- 内閣府 2006「災害時要援護者の避難対策に関する先進的・積極的な取組事例」（『災害時要援護者の避難支援ガイドライン（別添資料 1）』，2-4 頁）
- 内閣府 2012『平成 24 年度版障害者白書』

コラム 災害と障がいのある人々

高田 哲（神戸大学名誉教授，神戸市総合療育センター）

災害時もしくはその後の避難生活において，人々はさまざまな困難に直面する。まして，障がいのある人々（子どもも含む）や高齢者など，自分自身で移動ができなかったり，災害状況や避難に関する情報を適切に理解できない人々とその家族の困難は並大抵のものではない。

最近の十数年間における在宅医療の進歩には目を見張るものがある。従来では，長期間入院を余儀なくされていた人々が家族と家で過ごすことができるようになってきた。その背景には，在宅人工呼吸器や在宅酸素療法を可能とする医療技術の急速な進歩がある。しかし，医療技術の進歩に行政の対応は必ずしも追いついていない。そのような医療を受けている人々がどこにいるのかについても，自治体は十分にはつかんでいない。1995（平成 7）年に発生した阪神・淡路大震災では，これらの在宅医療を受けている人々の数は極めて限られていた。その当時，神戸大学医学部附属病院（以下，神戸大学病院）小児科で人工呼吸器をつけながら在宅で過ごしていた子どもさんはわ

ずか 2 人であった。1 人の方は神戸大学病院のすぐ近くに住んでおられたので，新生児集中治療室（NICU）に収容できた。もう一人の方はいくつかの病院を経て，地震発生数日後に神戸大学病院に入院された。しかし，災害・避難に関連して全身状態が悪化し，入院 2 週間ほどで亡くなられてしまった。在宅医療は，電気や必要な医療物品，食材がいつでも手に入るという前提の下に成り立っている。東日本大震災の後，東北大学病院の小児病棟では，18人の人工呼吸器がついた患者さんを受け入れたと報告されている。

近年では，障がいのある人々や高齢の人々のために，福祉避難所の制度が設けられている。しかし，多くの福祉避難所では，医療を必要とする人々のための電源バックアップシステムやケアのできるスタッフについての配慮がなされていない。平成 28 年（2016 年）熊本地震の際には，在宅人工呼吸管理を受けている患者さんを日ごろケアしている施設間のネットワークがあり，地震後 24 時間以内にこれらの人々は医療施設に収容されていた。一方で，

第9章　災害時要援護者支援について

自閉スペクトラム症などの発達障がいのある子どもの増加が注目されている。自閉スペクトラム症のある子どもたちは，初めての場所が苦手であり，音や光，匂いなどにも普通の人たちとは異なる過敏性を持っている。「順番を待つ」「状況に合わせて行動する」など，集団生活に必要な事柄が苦手で，困っていることをうまく言葉で伝えることもできず，パニックに陥ることも多い。これらの人々が災害時に避難所で過ごすためには，ケアする人々が十分に障がいの特性を理解して対応することが重要である。

災害時に機能的に働く施設は，地域に根ざして日常から障がいのある人々と関わっている施設である。今後は，日本以外のアジア各地域でも高齢社会が出現する。また，在宅医療も間違いなく増えていく。日本社会全体が障がいのある人々に優しい社会として成熟し，日本で作られた避難システムがほかの国々の目標になることを願っている。

コラム 大規模災害時の避難者発生と支援マネジメント

荒木 裕子（名古屋大学減災連携研究センター）

阪神・淡路大震災，東日本大震災，そして熊本地震といった大規模災害時には，事前に自治体によって指定されていた指定避難所以外にも大勢の住民が避難を行い，避難者がどこにいるのか把握できない，支援が届きづらいといったことが起きている。なぜ指定避難所以外に避難が行われ，どうして支援は届きづらいのか，またその対応策をここでは考えてみたい。

■指定避難所にたどり着けない

指定避難所以外に避難が行われるのは，自分の地域の避難所を認識していないからと思われがちだが，理由はそれだけではない。指定避難所は主に小中学校などの比較的地域の中心にある公共施設が指定される。だが，避難行動に取れる時間が少ない場合や体力的に指定避難所までたどり着けない場合，安全確保のために発災したときの居場所に近い場所に避難が行われることがあり，そのまま身動きできずに孤立してしまうこともある。また，計画されていた指定避難所が被災して使えないため，開設された指定避難所に避難者が集中し，その近隣の施設に避難者が集まるということもある。東日本大震災ではこういった理由から公共施設だけでなく，商業施設，宗教施設など比較的公共性の高い施設のほかに，個人の住宅にも分散して避難が行われる事例があった（図1）。

一方，東日本大震災以降，指定避難所の指定要件について安全性と最低限の滞在環境の確保がより一層求められるようになった。避難所として当然求められる機能だが，行政側もそれらを満たす施設でなければ事前に指定避難所として指定しづらい状況にある。本来は逃げやすい場所に避難所となる施設を用意すべきだが，そう簡単に建設や改修ができるものでもない。発災すれば施設を使用できるように，地域の住民と避難しやすい場所や施設を一緒に考え，事前の協定という形などで発災後に無事だった施設を使用できるように，事前に準備しておくことも対応策として考えられる。

第 9 章　災害時要援護者支援について

■避難者の情報を集め，支援を行うには

　一方で事前にすべての避難先を把握しておくことにも限界がある。実際に発災したらどのように指定避難所以外に避難した避難者の把握や支援をするのだろうか。想定していないからと言って，全く現場に情報がないわけではない。救出・救助の警察・消防や緊急援助隊，自衛隊のほか，地域を回る医療・福祉支援者，ボランティア団体に加え，消防団，自治会など地域組織も情報を持っている。しかし，これらは自分たちが行う活動のために情報を持っている場合が多い。情報は分散しており，組織的で戦略的な支援を行うには情報を集約する必要がある。また，ただ情報を集めただけでも実際に支援にはなかなか結びつかない。例えば，誰がその各地に散らばる避難者に，食料や物資，情報を届けるのかという実行面の課題がある。それができないから指定避難所だけに避難してもらうというのでは，先ほどの指定避難所までたどり着けない話と堂々巡りになってしまう。しかし，行政だけで情報を把握して物資を届けることにも限界がある。むしろ地域内の状況に詳しい避難者の側からも自分の場所を知らせ，必

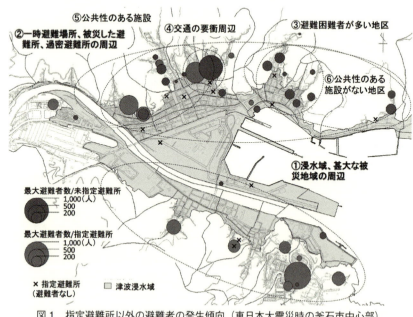

図1　指定避難所以外の避難者の発生傾向（東日本大震災時の釜石市中心部）
出典：荒木ほか（2017a）を基に筆者作成

要な物資を取りに行くなどできることを協力して行動する必要がある。

■地域＋αで取り組む避難，避難生活とその後

指定避難所以外に避難が行われても，地域住民が主体的に取り組み，支援を行った事例がある。阪神・淡路大震災では，学校などの指定避難所を中心として地域で災害対策本部を立ち上げ，地域内の公共施設や民間施設，在宅の避難者などをケアする事例も見られた。熊本地震時の益城町においては，自主防災組織はなかったが，自治会や消防団が同様の役割を担い，指定避難所と公民館などの小規模の避難所や在宅避難者の支援を行う状況が見られた。ただ，これらは，もともとの地域力に依存している面がある。平時からのコミュニティつくりに加え，外部からの専門ボランティアの取り込みなど，地域性に対応した準備も求められる。

災害から身を守り，生活環境を確保するために，避難しやすい場所に避難するのは自然な行動といえる。また避難は危険性からの緊急避難，避難場所での応急的な生活の継続であるとともに，その後の復旧・復興期に向けた準備期間でもある。災害復興の取り組みの活発な事例の中には，避難生活の中で自主運営が行われ，その中でその後の生活についても話し合いが始まっている事例も見られた。しかし防災計画や避難訓練でも，「避難行動」とその後の「避難生活」を，連続のものとしてなかなか考えられていない。本来は一連の流れで対応を検討し，避難者をどう支援していくのかという，マネジメントの視点から，準備しておくことが必要ではないだろうか。

《参考文献》

- 荒木裕子ほか 2017a「津波被災後の指定外避難所の発生傾向に関する研究－東日本大震災の釜石市を事例として－」（『日本建築学会計画系論文集』，82 巻 741 号，2885-2895 頁）
- 荒木裕子ほか 2017b「指定避難所以外に避難者が発生した場合の対応に関する研究－2016 年熊本地震における益城町を事例として－」（『地域安全学会論文集』31 巻，167-175 頁）

第10章
復興まちづくり

塩崎 賢明
神戸大学名誉教授

我が国は災害や戦災のたびに都市を再建してきた。ほとんどの日本の都市は，戦争や災害後の復興によって形作られてきているといって過言でない。復興まちづくりが行われる直接の理由は，被災者の生活の場を確保するためであるが，単に生活再建のために必要な元のまちの状態を回復するにとどまらず，より高い水準の都市整備や都市改造がしばしば行われる。復興まちづくりは都市計画事業として行われ，土地区画整理事業や市街地再開発事業がよく用いられる。本稿では阪神・淡路大震災と東日本大震災の事例を中心に復興まちづくりの仕組みともたらした結果，問題点を解説する。

キーワード

復興まちづくり　区画整理　再開発　津波防災　集団移転

第 10 章　復興まちづくり

1　災害と復興まちづくり

■ 復興まちづくりの必要性・背景

　災害によって破壊された都市やまち，集落などを再建もしくは新たにつくり出すことをここでは復興まちづくりということとする。被災者の生活を再建するうえで基盤となる都市・まち・集落などを整備することである。

　我が国は地震や台風，火事などの災害が多く，そのたびに都市を再建してきた。江戸の町は火事のたびに再建され，東京は関東大震災の後の復興事業によって都市の骨格が作られた。第二次世界大戦の空襲で被害を受けた全国 115 に上る戦災都市はいずれも戦災復興の都市計画事業を経て今日の姿に至っている。近くは，1976（昭和 51）年の酒田大火による都市復興がよく知られる。ほとんどの日本の都市は，戦争や災害後の復興によって形作られてきているといって過言でない。

　復興まちづくりが行われる直接の理由は，むろん被災者の生活の場を確保するためである。災害で破壊された道路や橋，水道・電気・ガスなどのインフラを再建しなければ住まいの再建もできない。しかし，復興まちづくりでは，単に生活再建のために必要な元のまちの状態を回復するにとどまらず，以前より高い水準の都市整備を行ったり，全く異なるまちに造り変えることがしばしば行われる。その背景には，我が国の都市が基盤未整備であるという認識が根本にある。つまり，道路や公園などの公共施設が整備されておらず都市として未完成であり，また，そのことが被害を大きくしているので，災害の機会にこれを整備するという考えである。

　日本の都市計画は計画決定と事業実施とが区分されて 2 段構えになっており，計画決定がなされたまま何十年も実施されない事業がたくさんあり，災害の機会にこれを事業化するといったことが行われる。

　東日本大震災では津波や原発事故といった災害が発生したが，そこでは，従前の場所に同じような都市や集落を再建することができないといった事情があり，復興まちづくりは従来とは大きく異なったものとなっている。

196

■ 復興まちづくりの事業制度

復興まちづくりは多くの場合，都市計画事業などの公共事業として行われる。その際，復興都市計画事業としてよく用いられるのは，土地区画整理事業（以下，区画整理事業）や市街地再開発事業（以下，再開発事業）である。表1に市街地整備関係の事業制度と住宅施策の一覧を示す。区画整理事業は戦前からの制度で，関東大震災や戦災復興でもさかんに用いられた。日本の大都市のほとんどはこの事業で，まちの骨格ができている。区画整理は「都市計画の母」などといわれる。再開発事業は1969（昭和44）年に法制度ができたもので，駅前整備などでよく目にするものである。

区画整理事業は基本的に土地に関する事業で，上物は個人が自分で建設する。再開発事業では従前の権利に見合ったビルの床を取得することができる。また，ビルには保留床が作られ，一般に分譲される。再開発事業では，従前の土地建物の権利が小さかった人でも，事業によって住宅を失う人は従前居住者用の賃貸住宅（通称受皿住宅＝公営住宅）に入居することができる。区画整理事業ではこうした扱いは必ずしもないが，阪神・淡路大震災では，住宅市街地総合整備事業（以下，住市総事業）を合わせて行うことによって受皿住宅が作られた。

住宅地区改良事業は都市計画事業ではなく，不良住宅の集中している地区を改良する事業で，改良住宅（公営住宅と同種の公共賃貸住宅）が供給されるが，道路や公園などの基盤整備も行うことができる。

東日本大震災では，従前の場所が再び津波の被害を受ける可能性が高いと判断された地域の住宅を移転させるための制度として防災集団移転促進事業が多

表1　市街地整備関係の事業制度と住宅施策

根拠	事業制度	住宅関係施策
法律	土地区画整理事業	換地での自力再建、受皿住宅
	市街地再開発事業	権利床住宅、保留床マンション、受皿住宅
	住宅地区改良事業	改良住宅
要綱	小規模住宅地区改良事業	改良住宅
	住宅市街地総合整備事業（住市総事業）	受皿住宅
	密集住宅市街地整備促進事業（密集事業）	受皿住宅、コミュニティ住宅
	優良建築物等整備事業	共同建替、協調建替

第10章　復興まちづくり

く用いられた。また，津波被害を受けた市街地の再建のために津波復興拠点整備事業の制度が新たに導入された。

区画整理事業や再開発事業は法律に基づく強力な事業で，近代化・都市化の途上にあった時代に都市開発を進めるために作られたものである。今日では，都市は成熟化の時代を迎えており，既成市街地の整備が大きな課題である。そこでは，区画整理や再開発だけでなく，よりきめ細かな整備手法が必要で，国土交通省の要綱に基づく事業制度が作られている。

小規模住宅地区改良事業は住宅地区改良事業のミニ版である。住市総事業は一定の基準を満たす住宅を建設する場合の補助を行い，密集住宅市街地整備促進事業（以下，密集事業）は老朽化した住宅が密集する地区で住宅の取り壊し・建て替えに対して補助金が出る。これらの制度は，単独でも行われるが区画整理事業や再開発事業と重ねて実施することができ，それによって，先に述べた受皿住宅などの建設が行われる。この2つの制度は現在では統合されている。

優良建築物等整備事業は，一定の基準を満たす優良な建築物を建てる場合に，補助金が出る制度である。本来市街地整備のための制度ではないが，共同建て替えによって集合住宅を建設する際に，建設費の約15％に相当する費用が援助されるので，市街地整備に役立っている。

これ以外にも，阪神・淡路大震災ではミニ区画整理や神戸市独自の要綱事業などが種々行われた。

都市計画事業が行われると，住民にどういう影響があるのだろうか。事業地区では，個別の建築活動などは制限され，公権力による事業に従わなければならない。しかも一旦都市計画事業が決定されると，後戻りすることはほとんどない。従前の土地に自分の住宅を建てることはできず，新たに定められた土地（換地）や再開発ビルの一角に移動することになる。あるいは補償金をもらって地区から出て行くことになる。事業は極めて複雑で長期間を要する。土地の所有権や借地権を持たない借家人は権利者ではなく，事業の埒外におかれ，たいていの場合地区から転出しなければならない。住宅再建や商売人の営業にとって，極めて重大な影響を及ぼすのである。

しかし，一般市民がこのような都市計画事業の意味するところをよく知っているとはいえない。阪神・淡路大震災の場合でも，区画整理や再開発という言

198

葉さえ聴いたことがないという人が多く，ましてや事業の仕組みや権利・義務などについて，大半の人が知らないままに事業に巻き込まれてしまったのである。

2 阪神・淡路大震災における復興まちづくり

■ 復興都市計画の枠組み

阪神・淡路大震災の復興都市計画事業として，区画整理事業は18地区で行われ，再開発事業は6地区で行われた。その大半は神戸市内である。

芦屋市では区画整理事業3地区，西宮市では区画整理事業2地区，再開発事業1地区，尼崎市で区画整理事業1地区，宝塚市で再開発事業3地区，また淡路島の北淡町（当時）で区画整理事業が1地区行われたが，そのほかはすべて神戸市内である。

復興都市計画事業は，区画整理と再開発を合わせると，面積は全体で286.3ヘクタール，従前の人口は48,083人，20,762世帯である。被災地全体から見れば大きな量ではないが，それにしても，2万世帯，4万8千人の人々が直接この事業の影響を受けたのである。

被災市街地の市街地復興事業は3つの段階構成に分けて進められ，「黒地地区」「灰色地区」「白地地区」などと呼ばれた。神戸市の場合，これらの関係を示すと図1のようになる。

被災の激しかった233haにおいて，1995（平成7）年2月1日に建築基準法84条に基づく建築制限がかけられた。この制限は災害が発生してから1カ月間であるが，さらに1カ月延長することができ，神戸市でも，3月17日まで延長された。この地域が後に都市計画決定のなされる地域で，「黒地地区」と呼ばれる。

ついで，神戸市震災復興緊急整備条例を制定し，これに基づいて，被災地のほぼ全域を震災復興促進区域に指定した（約5,887ha）。これは，街区単位の共同建て替えや協調建て替え，自力個別建て替えを促進していく地域という位置

第10章　復興まちづくり

づけである。行政施策はほとんどなく，自力で復興していく地域で，「白地地区」と呼ばれた。

黒地地区より一回り大きい範囲で，重点復興地域（24カ所，1,225ha）が指定され，「灰色地区」と呼ばれた。これは，住市総事業や密集事業によって，住宅復興や新規供給を行うという位置づけであり，都市計画事業の地域はだぶって指定されている。これらの要綱事業では国の補助金も都市計画事業に比べると少なく，白地地区よりはましだが，黒地地区に比べると弱い施策が行われた。なお黒地地区は，灰色地区に含まれており，両方の施策が可能になる。

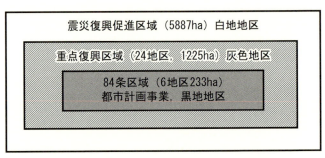

図1　神戸市における市街地復興事業の3段階構成

■ 復興都市計画事業の論点

阪神・淡路大震災で行われた復興都市計画事業には大きくわけて，手続きの面と内容の面で問題があった。

第1は，個々の被災者の住宅復興に重大な影響をもたらす都市計画の決定が，当事者の同意をほとんど得ないままに決定されてしまったということである。いったん決定してしまうと，強制力を伴い後戻りが極めて難しいだけに，このことは重大である。また，決定のいきさつが事業を進める上でしこりともなり，後々にも大きな影響を及ぼした。

阪神・淡路大震災から2カ月経った3月17日に，神戸・芦屋・西宮市など4市1町における土地区画整理や市街地再開発の計画案が都市計画決定された。被災者がまだ路頭に迷っている状態の中での都市計画決定であり，神戸市だけでも2,365通の意見書が出されるなど，反対の世論が沸騰した。

神戸市では，地震発生の2週間後に建築基準法84条にもとづく建築制限区域を告示した。これは，この2週間の間に地域の被災状況を調べて，都市計画を行う必要のある地区を確定したということである。そして，その後3週間で都市計画の案を作成し，さらに1週間後には都市計画の縦覧を開始，3月17日には兵庫県知事が都市計画決定を行った。

住民の側に都市計画の話が伝わったのは，早くとも2月22～23日ごろである。そこから反対の署名活動や意見書の提出などが行われたが，3週間足らずのうちに計画は決定された。3月14日に開催された神戸市都市計画審議会には，数百人の住民が市役所に押し寄せたが，会場は職員の人間バリケードで固められ，会議の傍聴は許されず（西宮市では97人が傍聴した），わずかに8人が意見陳述を行うだけで原案を承認した。

第2は，都市計画事業の進め方において，当事者（権利者，居住者）の参加が十分に保障されたかという点である。十分な同意を得ないままに強行されたことへの「反省」として，事業の実施は，住民の意見をよく取り入れて行うということが宣言され，「協働のまちづくり」という言葉がスローガンとなった。いわゆる住民参加であるが，はたしてその内実はどうだったのかという問題である。

都市計画決定がいかにも住民無視の強行な行為であることは，行政側も自覚していたようである。あまりにも反発が強かったために，2つの言い訳が用意された。そのひとつが「2段階都市計画決定方式」であり，いまひとつが「協働のまちづくり」である。

2段階都市計画決定とは，まず都市計画で決定するのは大枠だけで，具体的な点はその後第2段階目で決めるというものである。また，「協働のまちづくり」とは，都市計画の具体的な内容は，住民の意見をよく聞いて進めるというものである。

「2段階都市計画決定方式」という言葉は3月17日の兵庫県の都市計画審議会において「今後，住民と十分意見交換を進めること」という付帯意見がつき，貝原兵庫県知事（当時）が表明したものである

この「2段階都市計画決定」なるものは，あたかも，新しい方式であるかのようにもち出され，かつ，住民参加を保障する制度のようにいわれたが，はた

第10章　復興まちづくり

してどうであろうか。

「2段階都市計画決定方式」の問題は，第2段階から第1段階へ逆戻りすることができない仕掛けになっている点である。事業を具体的に検討していくと，計画の骨格や大枠に立ち返らざるを得ない場合が当然起こりえる。しかし，溜水兵庫県副知事は「事業をやる範囲は変えるべきでない。街づくりをやるべき地域としてきめたわけだから。そこまで応じるわけにはいかない」と述べている。要するに，一旦決めた第1段階の決定は，くつがえさないということである。

都市計画事業のなかでも区画整理事業と再開発事業では計画決定する内容に大きな違いがある。区画整理事業では，さしあたり施行区域と骨格的な公共施設（道路・公園など）を都市計画決定すればよいから，その後は第2段階で決定することは可能である。しかし，再開発事業では，最初から，建築物の計画が必要であり，容積，建築面積，高さ，配列及び用途構成を定めなければならない。そして，それより詳しい部分は，都市計画ではなく事業計画で決めるから，区画整理のように都市計画のレベルで段階性を持たせる余地はほとんどないのである。

結局，「2段階都市計画決定」とは，新しい方式を装いながら，実際には，都市計画を実施するということを確定した「3・17決定」を合理化するための方便であったと言えよう。

3月17日に都市計画決定を行った地区のその後の経過についてみると，第1段階から第2段階へ至る際に変更を行わなかったものは8地区で，半数以上の9地区で計画変更が行われた。道路や公園面積の変化量は23,010m²の減少，1,670m²の増加であった。このことは，「2段階都市計画決定方式」とはいうものの，まずい部分は1段階目で決めたことも変更せざるを得ないということである。しかし，都市計画事業そのものの取りやめや，区画整理事業や再開発事業を別の事業に変えるといった変更はなかったが，区域拡大の変更は行われている。

副知事は施行区域の変更には応じないと述べていたが，その実態は縮小や廃止はしないが，拡大ならするというもので，一貫性に欠けるものと言わざるを得ない。

第3は，都市計画の内容が妥当なものであったかどうかという点である。こ

202

の点は，区画整理事業と再開発事業で分けて考える必要があるし，また，地区ごとにも事情が異なる。被災者の住宅復興の観点からは，復興都市計画が地元の実情をよく反映した計画であったかどうか，被災者がこの事業によって住宅確保や営業再建の面で救われたのかどうかが問題となる。

第4に，事業の採算性がどうかという点である。この点は都市計画の内容と深く関わることである。一般に，こうした都市計画事業（公共事業）には莫大な費用がかかる。国の補助金が大量に投入されるが，地元自治体の負担も大きい。採算が取れないままに推移すれば，結局は地元自治体の財政を圧迫する結果となる。そのリスクは，特に事業費の大きい再開発事業において，顕著に現われる。

■ 区画整理事業がもたらしたもの

区画整理事業は減歩と換地という手法によって行われる。土地所有者から一定の割合（減歩率）で土地を供出させ，その土地面積を集めて広い道路や公園などを整備する。区画整理事業が行われる理由は，従前地区内に十分な広さの道路がなく，またその形状が不整形であるなど，防災や交通など都市機能上の問題を抱えている場合に，それらの問題を解決するうえで有効だからである。前面道路が4mに満たないため住宅建設等ができないといった場合に，区画整理事業で道路整備を行うことによって問題を解消することができる。しかも区画整理事業では，道路や公共施設のための土地を買収するのではなく，減歩という形で無償提供させることにより，事業費を低く抑えることができるため，都市整備の有力な手法として用いられてきたのである。

しかし，反面，土地所有者にとっては土地面積が減少するだけでなく，位置も変わるため（換地），極めて大きな変化・影響がもたらされる。多くの区画整理事業で反対運動が展開されてきたゆえんである。

区画整理事業の問題点を整理すると，次のようにまとめることができる。

①土地の減歩，換地による生活の激変，困難

②事業が長期に及ぶため，生活・営業などが維持できず，転出せざるを得ない

203

第10章 復興まちづくり

③賃借人など土地に関する権利を持たない人の排除，転出
④事業後のまちの変化，コミュニティの破壊

■ 震災復興再開発事業

　震災復興再開発事業は，神戸市，西宮市，宝塚市の6地区で行われたが，最大のものは新長田駅南地区再開発事業（以下、新長田駅南地区事業）である。新長田駅南地区事業は神戸市長田区のJR新長田駅の南に広がる地区で面積20ha，従前世帯数は1,600世帯，人口4,600人で，権利者数は2,162人という大規模な事業であった。

　新長田地区は，ケミカルシューズの工場や卸売店舗が多く，商店街が縦横にはりついた住宅・商業・工業の混合地域であった。建物の多くは2階建て以下の木造で，無数の路地で構成された神戸の代表的な下町である。震災では市街地大火によって壊滅状態となり，神戸市は火災で焼失した全域に再開発事業を適用した。新長田駅南地区事業は，いわゆる第二種市街地再開発事業で，管理処分方式をとっており，神戸市が地区内のすべての土地を買収し，44棟のビルを建設する計画である（総事業費2,710億円）。2014（平成26）年10月までに37棟が完成したが，2018（平成30）年現在も事業は完了していない。これまでに完成した再開発ビルの中はシャッターだらけで，多くの商店主が日々苦しんでいる。そこでは，巨大再開発という復興施策がもたらした「復興災害」がいまなお進行中である。東日本大震災の被災地からの見学もしばしば行われているが，身の丈に合わない巨大公共事業は，被災地の活性化に結びつかないことを知らねばならない。

　一般に，再開発事業では，従前の居住者・権利者が地区にとどまることは難しく，大半が転出することが多い。ビルに入居した商業者の営業を確保することは，当事者にとって死活問題であると同時に，地域の活性化にとっても重要な問題である。問題の原因はどこにあるのか。

　第1に，従前資産の評価に比べて権利床価格が高いために，入居できないことである。

　第2は，共益費管理費などのランニングコストである。床の買い取り価格に

加えて，巨大なビルを維持するための共益費・管理費など，新たな負担が増える。

第3は，再開発によって生み出される商業床が過大なことである。神戸阪神間ではすでに商業施設が過集積しており，大規模な商業床は競争を激化させ，営業の困難をもたらす。

商業床の大部分を「新長田まちづくり株式会社」に賃貸契約しているため，形式上は契約済みとなっている。しかし，各ビルの1階部分ではにぎわっている店舗もあるが，2階や地下などではシャッターが閉まったままの区画が目立つ。

新長田駅南地区事業の費用は2,710億円であるが，収入の46％は保留床処分金でまかなわれる。しかし，保留床処分は進まず，事業見通しは極めて困難となっている。

2007（平成19）年末の外部監査報告によれば，先に完了した六甲道駅南地区事業でも新長田駅南地区事業でも巨額の赤字となっている。表2に新長田駅南地区及び六甲道駅南地区における再開発事業の収支について示す。

表2　新長田駅南地区及び六甲道駅南地区における再開発事業の収支

（単位：億円）		新長田	六甲道
事業費（A）		1632	892
事業収入（B）		1540	878
補助金（C）		844	535
保留床処分見込み額（D）		696	343
売却処分金（e）		475	247
賃貸運用資産（f）		221	96
収支B-A		-92	-14
収支B-f-A		-313	-110

出典：神戸市資料（平成19年12月）

赤字の問題もさることながら，現状での大きな問題は既にできあがっているビルの管理運営である。

再開発ビル2階の誂え婦人服の店では，経営不振から廃業を決意したものの，店舗の処分さえできずに苦しんでいる。同店の震災前の資産評価額は1,797万円であったが，再開発ビルの床の購入価格は2,240万円であったため，計1,500万円の借金をしてビルに入居した。しかし，事業未完成のままの街は活

第10章　復興まちづくり

気がなく，人通りも少なく，採算割れが続き，ついに廃業の決心に至る。店舗を売却して清算しようと考えたが，再開発ビル全体の不動産価値は極端に下がっており，値がつかない状態となっていた。実際，シャッターの下りた空き床だらけで，テナント確保のため，家賃を大幅ダンピングしたうえ，内装費の肩代わりまで行われていた。地元の劇団の稽古場（145m²）は月額1万円で賃貸されていた。

　結局，行政が自らビルの不動産価値を破壊しているのであり，そのつけを地元商業者が一身に被っているのである。商店主の多くは高齢化しており，後継者がなければいずれ廃業や店舗の処分に至ることが予想されるが，このままでは借金返済もできず破産に追い込まれかねない。

　加えて，再開発ビルの管理運営を行っている第三セクター「新長田まちづくり株式会社」（以下，まちづくり会社）の業務内容には違和感を覚える点が少なくない。

　再開発ビルの3階以上は分譲住宅であり，ビルは商店と住宅の区分所有建物となっているが，商業者は住宅の9倍もの管理費を負担させられていることが明らかとなったのである。まちづくり会社は，ビルの管理者であると同時に管理会社であり，管理業務を自分自身に発注するという異常な形になっており，その支出内訳を一切明らかにしない。まちづくり会社に任せっきりでは問題の根源が見えず，何も解決しないことがはっきりしてくる中で，商業者たちは「新長田駅南再開発を考える会」を結成し，マンション管理士や建築家，行政書士などの支援を得て活動を続けている。

3　東日本大震災の復興まちづくり

■ 復興まちづくりの枠組み

　東日本大震災の被災地では大規模な復興まちづくりのプロジェクトが各地で進められている。津波によって土地そのものが破壊されたり，再び津波に襲われる危険性があるといったことから，元の土地で再建ができないためにまちづ

くりが必要とされたのである。

　国は災害直後から，津波を避けるための高台移転を唱えた。中央防災会議は今後の津波対策の構築に当たっては2つのレベルの津波を想定する必要があるとした。発生頻度は低いが甚大な被害をもたらす最大級の津波（レベル2）と，発生頻度が高く一定程度の被害をもたらす津波（レベル1）である。レベル1に対しては防潮堤などの施設で対応し津波浸水を防ぐが，レベル2に対しては施設で完全に防ぐことは現実的でなく，避難を基本とし，土地利用等で対応するという多重防御の考え方が示された。

　津波被災地の復興まちづくりは，津波防災地域づくりに関する法律によって，県が津波浸水想定を提示し，それを受けて市町村が土地利用計画を策定する。津波に対して，防波堤，防潮堤，二線堤（鉄道や幹線道路の盛土）の3段構えで防御し，2m以上の津波浸水深さが想定される地域では住宅建築を禁止・制限し，その地域の住宅を高台・内陸へ移転するために防災集団移転促進事業や区画整理事業，漁業集落防災機能強化事業などが行われることとなった。

　また，住宅の移転した跡地では，区画整理事業や津波復興拠点整備事業などによって，盛土を行い町の新たな核として行政施設やショッピングセンターなどの都市開発が行われている。表3に宮城県・岩手県・福島県の被災3県におけるまちづくり事業の実績を示す。

表3　被災3県におけるまちづくり事業の実績

	全体地区数	法定手続き済		工事着手済 注3)	造成完了済
防災集団移転促進事業	331 地区 注1)	大臣同意	331 地区（100%）	329 地区（99%）注4)	306 地区（92%）
土地区画整理事業	50 地区 注1)	都市計画決定 事業認可	50 地区（100%） 50 地区（100%）	50 地区（100%）	13 地区（26%）
津波復興拠点整備事業	24 地区 注2)	都市計画決定 事業認可	24 地区（100%） 24 地区（100%）	24 地区（100%）	6 地区（25%）

注1）　住まいの復興工程表に基づく面整備事業を行う地区数（災害公営住宅のみの地区を含む）
注2）　復興交付金が交付された地区数
注3）　工事発注（設計付き工事発注を含む）済の地区数
注4）　このほか、茨城県北茨城市の2地区において実施し、整備完了済み
出典：国土交通省「5．東日本大震災への対応について」http://www.mlit.go.jp/common/001181509.pdf

防災集団移転促進事業

防災集団移転促進事業は「防災のための集団移転促進事業に係る国の財政上の特別措置等に関する法律」に基づき，被災地域において住民の居住に適当でない区域にある住居の集団的移転を行う事業である。過去には奥尻島の津波災害の復興に用いられた経緯がある。東日本の被災地において，住民の生命，身体及び財産を津波等の自然災害から保護するために，住居の集団的移転を促進することが適当と判断された区域は，移転促進区域に指定され，区域内の5戸以上の住宅を新たな住宅団地に集団的に移転させる。従来の事業では，移転戸数が10戸以上という要件があったが，東日本大震災で5戸以上に緩和された。また，新たな住宅団地での宅地規模は1宅地当たり100坪が上限とされたが，被災地では，特に農漁業者などから100坪では狭いという意見も強く，平均値で100坪という扱いがなされた。

この事業では，住宅団地用地の取得造成費用，移転者の住宅敷地購入・住宅建設に対する補助費用（ローン利子補給），住宅団地における道路等の公共施設の整備費用，移転促進区域内の宅地等の買取費用，住居の移転に対する補助費用などが復興交付金や復興特別交付税によって国から補助される。補助には限度額が設けられているが最終的には100％国費で賄われ，市町村の負担なしで実施される。

しかし，この集団移転は，住宅再建をどこでどのように成し遂げるのかという問題に直面する被災者の側から見れば，災害公営住宅への入居や別の土地への転居などとの比較の上で，難しい選択を迫られるものとなる。

復興庁は災害公営住宅と防災集団移転等による宅地の供給状況を随時発表しているが，2012（平成24）年12月時点で被災3県の災害公営住宅の計画戸数は24,256戸で，移転住宅地の計画戸数は28,060戸であり，集団移転戸数の方が多かった。ところが，その後，集団移転の計画はどんどん減少し，2017（平成29）年1月には災害公営住宅の計画戸数30,108戸に対して，集団移転の計画戸数は19,385戸（完成戸数は11,130戸）になっている。事業の完成を待てない，住宅建設の費用が足りないなどの事情から自宅建設をあきらめ，公営住宅希望に転換しているのである。復興まちづくりの困難さは被災者の住宅再建に大き

く影響しており，それが復興の遅れにもつながっている。

■ 復興まちづくりの問題点

　このような復興まちづくりには次のような問題点を指摘できよう。

　第1に，津波浸水危険を想定して市街地を大きく改変する計画そのものについて，意見が分かれる。

　津波の浸水危険性は地震や津波の大きさだけでなく，防潮堤の高さによって浸水区域は変わってくる。多くの市町村では，震災前よりも高い防潮堤を建設し，道路や鉄道敷を盛り上げ，市街地を大規模に盛土する計画も多い。しかし，高い防潮堤については景観上の問題や海との関係の断絶や，津波避難がかえって遅れるといった点，海岸の環境破壊なども指摘されている。

　3県で整備される防潮堤は594カ所395kmに及び，そのうち50kmは高さ10mを超える規模である。これまでに83カ所が完成，建設中は361カ所，133カ所が未着工となっている（2016年1月末時点）。高い防潮堤の建設には賛否の意見があり，宮城県で359カ所中133カ所，岩手県で136カ所中23カ所で，住民要望により防潮堤の高さが引き下げられた。

　また，津波に襲われた元のまちを非居住地域にしながら，防潮堤の建設や盛土を行うことの整合性も問われる。

　第2に，移転先の住宅地がよいかどうかという問題である。漁業や水産加工業などの仕事にとって内陸の住宅地が適しているか，通勤・通学，通院，買い物などの生活利便性は確保できるかといった問題である。被災者は高台や内陸に造られた住宅団地に住み，一方，元の中心市街地では津波防災拠点整備事業や区画整理事業などによって商業施設の立地を進めるが，その間の連携は必ずしも取れているとは言えない。中心市街地の商業施設などの持続性も今後の大きな課題である。

　高台・内陸への大規模な移転計画についてはコストも大きな問題である。山の斜面を切り崩して大規模な住宅地を造成した場合，1宅地あたり3,000万円〜4,000万円，場所によっては1億円近い造成費用（建築費は別）がかかる。これらの事業費は国の100％補助で賄われるため，被災自治体の負担はないが，

第10章　復興まちづくり

当初は人が入居したとしても，将来的にその住宅地が持続できなくなるといった場合，はたして妥当かどうかという点も問題であろう。

第3に，被災者にとって住宅建設が可能かどうかという問題である。防災集団移転促進事業では，ローンの金利分に対する補助はあるが，住宅建設資金そのものは補助されず，被災者自身の資金確保が必要である。被災者生活再建支援金や県・市町村の独自支援制度によって，住宅再建が左右される。

元の宅地を買い上げてもらうにしても，仙台平野などでは，移転先の土地の方が地価が高く，宅地の購入も難しく，住宅建設に手がとどかないといった問題もある。仙台市では移転先を借地とする場合，被災前後の土地価格の差額などに応じて最大1,000万円相当額の借地料を一定期間（最長50年）免除する独自の支援策を打ち出している。

第4に，まちづくり事業の完成には早くて3年，場合によっては5年，7年といった長期の時間を必要とする。被災者はその間，健康を維持し，仕事・収入の確保をする必要がある。個々人の生活問題はまちづくり事業の範囲外とされるが，被災者にとってはまさに一体の問題であり，宅地の買い上げ価格がなかなか示されない，移転先の用地確保が進まない，といった状況では，いつまでも待っていられない人々は，集団移転などから外れていかざるを得ない。

■ 原発被災地の復興まちづくり

東日本大震災のいま一つの重大な被害は福島第一原子力発電所（以下，原発）の事故によるものである。その特徴は津波地域と異なり，被害の原因が東京電力や国の人為的ミスによる人災であること，放射線による人体への被害が長期に及び，現在及び将来にわたって継続することである。このような被災地での復興やまちづくりはどのように可能か，極めて難しい重い課題である。ここではごく簡単に原発被災地の復興まちづくりの現状について紹介する。

政府は2013（平成25）年12月「原子力災害からの福島復興の加速化に向けて」という復興指針を決定し，復興交付金とは別に「福島再生加速化交付金」を新設した。2015（平成27）年には原発事故被災地の復興政策として，帰還困難区域を除く居住制限区域，避難指示解除準備区域の避難指示解除を2017

（平成29）年3月までに行うこと，帰還促進策の強化として，福島復興再生拠点整備事業の創設，解除地域での災害公営住宅の建設などの方針を打ちだした。さらに帰還困難区域についても「特定復興拠点」を設定し，5年をめどに避難指示を解除し居住を可能とする方針を示している。

このように福島の復興再生の基本方針は，除染による放射線量の低減を図り，避難指示を解除し帰還を促進することに置かれており，それは反面では被災者への補償の打ち切りにもつながっている。この点は，1986年のチェルノブイリ原発事故後の対応と大きく異なるものである。ウクライナでは原発事故の5年後にいわゆるチェルノブイリ法を制定し，その時点で年間1ミリシーベルト以上の放射線量の地域を汚染地域として被災者（213万人）に補償（移転住宅提供や医療，生活費，職業紹介等々）を行うことを決定し，1996年の新憲法ではそれを国の義務とした。

しかし，帰還政策の下で実際に元の地域に戻っている人は決して多くない。2018年3月時点で，富岡町4.6%，浪江町3.3%，葛尾村19.3%，飯館村10.8%，楢葉町31.8%などとなっており，避難指示が解除された地域全体で15.3%にとどまっている。線量の低下は重要な要素であるが，それだけでなく，十分な生活施設や以前のような人間関係がなければ，戻って生活することは難しい。人が戻らなければ，まちづくりそのものが成り立たない。原発事故被災地のまちづくりは今後も大きな困難を抱えているが，既に起こってしまった災害が目の前にある以上，数十年という長期的視野をもってこの難題に取り組んでいくことを避けて通ることはできない。

4 まとめ

災害後の復興まちづくりはインフラ整備や市街地整備などのハードな事業によって進められることが多い。しかし，その根本的な目的は被災者の生活の再建であり，被災地の再興である。その意味で，復興まちづくりは，復興事業全体の一分野であって，それ自身が独り歩きすべきものではない。ところが往々

第 10 章　復興まちづくり

にして，全体の事業が縦割りシステムで進められ，ハード事業が独自の論理・独自の予算で肥大化し，被災者の生活再建より優先してしまう場合がある。結果として，整然とした道路，防潮堤，近代的なビル，住宅団地などが整備されたものの，被災者の生活再建は滞ったままといった事態が出現する。被災者の生活や地域の実情から遊離した身の丈に合わないハード事業を進めることが復興まちづくりではないことをこれまでの経験から読み取るべきであり，生活再建や住まいの再建と一体となった復興まちづくりの仕組みを作りだしていくことが急がれる。

《参考文献》

• 佐藤滋編 2011『東日本大震災からの復興まちづくり』（大月書店）
• 塩崎賢明 2014『復興〈災害〉－阪神・淡路大震災と東日本大震災－』（岩波新書）
• 塩崎賢明 2009『住宅復興とコミュニティ』（日本経済評論社）
• 塩崎賢明，安藤元夫，児玉善郎編 2002『現代都市再開発の検証』（日本経済評論社）
• 兵庫県編 2016（阪神・淡路大震災復興フォローアップ委員会監修）『伝える（改訂版）1.17 は忘れない－阪神・淡路大震災 20 年の教訓－』（ぎょうせい）

コラム 弁護士による支援

津久井 進（日本弁護士連合会災害復興支援委員会）

「弁護士」というと法廷シーンがお決まりのイメージ。しかし，災害時に弁護士が果たす役割はかなり違う。主なものを5つ挙げてみよう。

一つ目は法律相談だ。でも相談室や六法全書はいらない。むしろ気軽に話ができるようにさまざまな工夫を凝らすのがポイントである。被災地ではテントで紙芝居をめくりながら相談することもある（写真1）。その人に必要な情報を個別に届けたり，心の落ち着きを促したり，パニックや民事紛争を予防することが目的である。

二つ目はまちづくりや生活再建の支援である。人に言いにくい個人的な困りごとがあると，それが合意形成の障害になる。弁護士がそれを受け止めて解決に導くことで，その人の生活が支えられ，その安心感がまちづくりを推進する。

三つ目は制度の改善だ。復興を妨げる原因を突き詰めると，制度に欠点がある場合がとても多い。相談などを通じてリーガルニーズを取りまとめ，国会や議会に届けて制度改善につなげる。このパイプ役も弁護士の使命だ。

四つ目は人材派遣である。弁護士は被災地で期間限定の法律事務所を開設したり，第三者委員会の委員を務めたりしている。あまり知られていないが，被災自治体の任期付の職員となって行政の活動も支援している。

五つ目は被災者の支えとなることだ。例えば，原発事故の被害者に寄り添って支援をし，裁判や裁判外紛争解決手続（Alternative Dispute Resolution：ADR）に取り組むのもその典型だ。二重ローンで悩む被災者に被災ローン減免制度で救済する。関連死の認定にも関わる。

こうした取り組みで得られる経験や教訓はとても重要だ。未来に承継するためには制度化して普遍化しなければならない。目下，個々のニーズに応じた「災害ケースマネジメント」を制度化しようと取り組んでいる。

写真1　陸前高田市における仮設住宅団地での相談の様子（中央奥側は在間文康弁護士）

第 10 章　復興まちづくり

コラム　阪神の住民主体まちづくりを東日本で

野崎 隆一（NPO 法人神戸まちづくり研究所）

■はじめに

阪神・淡路大震災では，住まいの共同再建や被災マンションの復興に関わってきたが，そこでの反省もあり，被災地のまちづくり支援に関わりたいと思い続けてきた。2011（平成 23）年の東日本大震災では，民間デベロッパー同期社員だった友人が被災したことから，彼の住む宮城県気仙沼市を中心に活動することになった。

■鹿折地区〜土地区画整理事業

友人の高校同級生が気仙沼市鹿折地区の公民館長をしていたことから関わりが始まった。2 回目の訪問では，地区振興協議会（自治会，商店会などを含む地域組織）の会長に会いアドバイザーとして支援を要請された。土地区画整理事業の期間が長くなることが予想されたので，役員会に参加して，任期の限られた自治会長の集まりではなく，復興を終わりまで見届けることのできる協議会の立ち上げが必要だと訴え続けたが，理解してもらうのに時間がかかった。結局設立できたのは，2012（平成 24）年 10 月 6 日であったが，

市内では唯一の住民発意で設立された協議会となった。商業者の支援をしていた工学院大学，土地区画整理事業地区に隣接した地域支援を行っていた宮城大学，地域内被災者のヒアリングを行っていた近畿大学の各研究室もアドバイザーとして加わった。9 月には，都市計画決定され，12 月の事業計画確定までに，それまでの議論をまとめる形でまちづくり協議会のまちづくり提案を出すことができた。

主なポイントは以下の通り。

(1) 賑わいの核をつくるため，公共施設及び既存の個別店舗を地区中心部に集める。

(2) 高齢者や子どもが安心して住める街にする。

(3) 内陸に向けた避難経路の確保をする。

(4) 緑地，公園，歩道をつないでジョギングやウォーキングのルートを作る。

その後，よりイメージのわかるグランドデザインを提案しようと 3 大学の協力を得て翌年夏には，バージョン 1

が完成した。それをきっかけに、住民の土地権利者との定期的な意見交換の場として「まちづくりサロン」の開催を決めた。また、事業の節目では4～50人規模の「まちづくりを語る会」を開催し、公園づくりでは地元中学生も参加するワークショップを行いアドバイザーとして住民の合意形成と事業参加を支援することができた。

写真1　仮設市場「鹿折復幸マルシェ」にて、まちづくりに関する話し合いの様子

■只越地区～防災集団移転促進事業

被災地に入り半年が経過した2012年11月に、地元新聞で防災集団移転に向けた復興協議会が設立され被災者アンケートを行ったという記事が目に入った。早速、事務局長を訪問しお話を伺うと、集まって互いの意向を聞いたが今後の防災集団移転に向けた段取りや話し合いの進め方がわからない、専門家に入ってもらうしかないと考えていたところだったとのこと。翌月12月には、協議会の会長、地元の自治会長にも会い、本格的なアドバイザー支援がスタートした。移転先については、すでに候補地を決めて地主の意向打診も行っていたが、難しい権利者が含まれており困難が予想された。早速、地形図を入手し代わりの候補地を2地区選んだ。年明けて、2013 (平成25)年1月に協議会メンバー全員での最初の集まりが仮設住宅の談話室で開催されたが、個々の思いを聞くと行政への不満が多く語られ「わからない」「見えない」「決まらない」といった意見が大半だった。そのため「行政は、復興予算確保で手一杯」「施策が出揃わないと公表しにくい」「情報が出揃うまで決断するのは待った方が良い」と説明した。

3月には、初めて復興担当職員が会議に参加。当初の移転候補地は、造成費がかかりすぎて無理との報告があったが、協議会ではすでにそのことは織り込み済みで、次候補地についてすぐに決めることができた。その後、役員が候補地の地権者8軒を周り全員の協力を得ることができた。4月の会合では、すぐに名簿を作成し防災集団移転の申請をすることになったが、全世帯家族での聞き取りを提案し、申請を1カ月延期してもらうことにした。5月の連休を使っての聞き取りでは、24

世帯が参加し仙台弁護士会有志の協力も得て開催した。支援制度の説明を行い，個々の希望と資金繰りを丁寧にヒアリングした結果，数世帯は再建をあきらめ災害公営住宅への入居を決められた。家族同士でも話しにくいことを第三者を入れて話し合うことの効果は予想を超えていた。これにより，アドバイザーと被災者の距離も一挙に短縮できた。

その後は，大きな議題はなくても毎月会合し，団地の造成計画や防潮堤計画の情報を伝え，新たな住まいでの暮らしに備えたいろんな課題について話し合うことができた。被災した皆さんも我々の訪問を心待ちにしてくれた5年間だったように思う。

■支援アドバイザーのあり方

東日本大震災では，岩手県，宮城県の4市10地区で支援アドバイスを行ったが，いくつかの地区では，大学の研究室やボランティアグループと共同で行った。支援者同士の主張がぶつかったケースもあったが，大半は一緒に活動しているうちに互いの役割を明確にすることができた。地域の方々にとっては，違いがわからないので，支援者間での話し合いを早い時期にしておくことが重要に思える。東日本大震災においては，コンサルタントが継続的に関われる仕組みが不十分で大学研究室の活動が目立ったが，行政との協働やゴールまでのプロセスデザインの得意なコンサルタントと学生を動員しての調査や提案を得意とする大学研究室の協力関係の構築が今後の課題となった。

写真2　只越地区にて，まちづくりに関する話し合いの様子

第11章
事前復興と復興ビジョン

室﨑 益輝
神戸大学名誉教授・兵庫県立大学大学院減災復興政策研究科

本稿では，阪神・淡路大震災や東日本大震災で明らかになった減災の考え方に基づいて，減災のサイクルにおける「事後の復興」と「事前の予防」との関連性や一体性を明らかにするとともに，復興も事後ではなく事前に取り組むべきという脈絡から，「事前復興」という復興準備と復興事業の必要性と方向性を示している。復興では，回復をはかる取り組み，減災をはかる取り組み，改革をはかる取り組みの3つが必要となるが，それらの取り組みを包括的に進めるためには，事前の準備として備えと構えが必要で，その中でも復興の方向性を示すビジョンと復興の可能性を与える復興バネが必要であることを明らかにしている。

キーワード
事前復興　復興ビジョン　減災サイクル　公衆衛生的備え

第 11 章　事前復興と復興ビジョン

1　はじめに

　阪神・淡路大震災や東日本大震災が私たちに投げかけた大切な教訓の中に，「応急対応中心主義」の克服というのがある。応急対応だけではなく「事前減災」や「事後復興」にも力を入れなければならない，という教訓である。

　その中でも，事後の復興の混乱がもたらした間接被害の甚大さを考えると，事後復興の強化が欠かせない。復興対応において，震災関連死やコミュニティ崩壊などに代表される間接被害の軽減をはかること，加えて大災害により明らかになった歪みを正して未来につながる社会を創造することが，事後復興の極めて重要な課題として突き付けられている。

　ところで，その復興対応も応急対応と同じく，災害が起きてから大慌てで取り組んでも遅い。復興の合意形成や計画策定に手間取って，復興の混乱や間接被害の増幅を生んだ，最近の大災害での苦い経験にも明らかなように，復興も災害が起きる前から取り組まなければならない。すなわち「事後復興」の前に「事前復興」が求められる。

　そこで，ここでは事前復興に焦点をあてて，その課題と方向性を明らかにする。

2　巨大災害への備えとしての「減災」

　事前復興に具体的に触れる前に，それが必要とされる背景を，阪神・淡路大震災の教訓として提起された「減災」という考え方に即して，見ておくことにしたい。大規模な災害では，防災ではなく減災だといわれる。小さな破壊事象については被害をゼロにするという防災の考え方でよいが，大きな破壊事象については被害をゼロにすることが難しく，少しでもゼロに近づけようとする減災の考え方が必要になってくる。

■ 対策の足し算としての「減災」

減災を実践的に定義すれば，「対策の足し算による被害の引き算」ということになる。さまざまな対策を有機的に足し合わせて，少しでも被害がゼロに近づくように努力するのが，減災である。この対策の足し算には，図1に示すように，人間の足し算，空間の足し算，手段の足し算，そして時間の足し算がある。

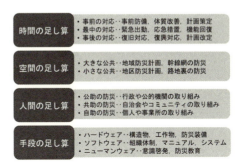

図1　減災のフレームとしての「足し算」

人間の足し算は，行政，コミュニティ，事業所，個々人の努力を足し合わせることをいう。自助と公助さらに共助や互助を足し合わせるといってもよい。空間の足し算は，地域，地区，相隣の取り組みを足し合わせることをいう。2013（平成25）年の災害対策基本法の改正で，従来の地域防災計画に加えて「地区防災計画」の策定が示されたのは，まさにこの地域と地区の足し算を具体化するものといえる。手段の足し算は，ハードウェア，ソフトウェア，ヒューマンウェアの対策を足し合わせることをいう。

こうした対策の足し算の中で最も大切なのは「時間の足し算」である。時間の足し算は，事前，最中，事後の対策を足し合わせることをいう。最中の応急対応だけでなく，事前の予防対応や事後の復旧対応にも力を入れることが，減災では求められる。ところで，現状の我が国の防災対策は，国の防災基本計画や自治体の地域防災計画の構成や内容を見ても明らかなように，バケツリレーに代表される直後の応急対応に重点を置くものとなっている。しかしそれでは，大きな自然や巨大な災害に立ち向かえない。

■ 事前対策と減災サイクル

阪神・淡路大震災では，激しい揺れにより，多くの建物が脆くも倒壊し，市

街地大火が発生した。その倒壊と大火が，多くの人々の命を奪うことになった。ここでは，建物が脆弱なまま放置をされていたこと，市街地が燃えやすい状態で放置されていたことが，死者発生の原因として厳しく問われた。そこから，事前に耐震補強や維持管理に心がけていなければ，直後にいくら迅速に救助活動を行ったとしても，命は救えないということを学んだ。また，事前に市街地改造や密集地解消に取り組んでいなければ，直後にいくら的確に消火活動を行ったとしても，大火は防げないということを学んだ。

この事前の取り組みが大切だということは，東日本大震災での「釜石の奇跡」に代表される防災教育の成果からも，確認することができる。事前に防災意識の啓発に努め，防災知識の習得に努めておけば，不測の事態が発生する中でも，臨機応変の判断と行動によって，命を守ることができるということである。事前の周到な準備と日常的な心がけがなければ，非常事態に適切に対処しえないことを確認しておきたい。

事前，最中，事後の足し算としての減災の取り組みは，時系列的な展開において循環型のサイクルを構成している。事前の計画策定や対応準備が直後の応急対応や事後の復旧対応を規定し，事後の復旧や復興の取り組みが次の災害に対する事前準備や予防対策につながっていく。このサイクルにおいて，事後の被害の軽減や復興の促進をはかるうえで，事前の備えや予防の取り組みが重要な役割を果たすことになる。

■ 事前対策と４つの備え

被害の軽減をはかる事前の取り組みは，図２に示されるように，予防減災の対策，応急準備の対策，復興準備の対策，基盤形成の対策の４つに分けられる。医療になぞらえると，予防医学的な備え，緊急治療的な備え，回復再生的な備え，公衆衛生的な備えの４つに該当する。このうち，最初の３つの備えは，直接的に被害軽減をはかるためのものであるが，最後の公衆衛生的な備えは，間接的に被害軽減をはかるためのものである。この公衆衛生的備えは，減災文化の土壌を豊かにし，減災基盤の裾野を広げるうえで欠かせない。

ところで，直接的に被害の軽減をはかる事前の対策は，被害の発生を抑制す

る体質改善対策と，事後の対応を円滑にする対応向上対策に分けられる。予防医学的備えは体質改善の対策，緊急治療的備えと回復再生的備えは対応向上の対策である。予防医学的な備えは，被害を生む脆弱な体質を事前に改善することにより，地域や社会の抵抗力や保安力を強めて，被害の軽減をはかるものである。家屋の耐震補強や市街地の難燃化はその1例である。

　緊急治療的な備えは，応急対応を効率よく遂行するための準備を事前に講じて，地域や組織の対応力や回避力を高め，被害の軽減につなげようとするものである。初動対応マニュアルの整備や避難訓練の実施はその1例である。回復再生的な備えは，災害の復旧や復興のための準備を事前に講じて，地域や社会の回復力や復元力を高めて，被害の軽減に努めようとするものである。復興の財源確保や復興法制の整備などはその1例である。本章のテーマである事前復興は，この回復再生的備えに密接に関わっている。

　事前の対策で疎かにできないのが，公衆衛生的な備えである。規則正しい生活習慣を身につけて，病気になるリスクを軽減するのが公衆衛生であるが，それと同じように，人と人のつながりや人と自然のつながりの適正化をはかって，被害を受けるリスクを低減することが求められる。生きてゆくためには，安全性だけではなく利便性も快適性も必要である。それゆえ，安全性と利便性や快適性を融合して，真に豊かな地域をつくることが欠かせない。その融合をはかるうえでは，安全性にもつながり快適性にもつながる公衆衛生的備えが，潤滑剤あるいは接着剤として大きな役割を果たすのである。

　なお，この公衆衛生的備えでは，コミュニティの育成と強化が重要な位置を

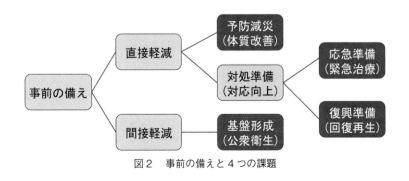

図2　事前の備えと4つの課題

第11章 事前復興と復興ビジョン

占める。コミュニティの形成は，地域の活性化や福祉の推進などにも欠かせないが，防災にも欠かせない。また，コミュニティがしっかりしていると，災害後の復興もうまく行く。それだけに，日常的にコミュニティの強化をはかることを，減災の側面からも復興の側面からも追及しなければならない。

3 復興の類型と課題

「事前復興」は「事前」と「復興」という二つの言葉に分解できる。今までは，前者の「事前」について触れたので，ここからは後者の「復興」について触れることにする。

■ 復興の概念

復興とは何か。手元にある辞書を引いて見ると，「一度衰えたものが，再び盛んになること」（大辞林第三版，2006）とある。その衰えの原因を考えると，地震のような急激な破壊もあれば，精神的退廃のような緩慢な破壊もある。災害や事故などは急激な破壊に属するが，温暖化や過疎化などは緩慢な破壊に属するであろう。

ところで，東日本大震災などの大災害を見ると，「緩慢な破壊」と「急激な破壊」とが連続して，あるいは複合していることがわかる。「危機意識が風化している，地域産業が衰退している」といった緩慢な破壊が進んでいたところに，「巨大な地震や津波が襲来する，誤った復興施策が押し付けられる」といった急激な破壊が追い打ちをかけた，と捉えることができる。このように大規模な災害は，2種類の破壊の複合あるいは2段階の破壊の連続として，説明できる。

となると，破壊からの復興も，2種類あるいは2段階で考えなければならない。緩慢な破壊がもたらした衰えからの復興と，急激な破壊がもたらした衰えからの復興の両方がいる。ところで，この緩慢な破壊からの復興は，「公衆衛生的な備え」に通じるもので，地球環境の疲弊や高齢社会の軋轢あるいは人命軽視

222

の風潮といった，緩慢な衰えとしての「社会的歪み」の解消に努めることが課せられている。

この緩慢な破壊からの復興は，急激な破壊の前に先行的かつ持続的に進められていることが望ましい。それが進んでいると，急激な破壊による被害が，結果として軽減されるからである。つまり，この緩慢な破壊からの復興は，環境問題や社会問題などの是正をはかるという「持続的な復興」という側面と，急激な破壊に対する抵抗力を事前に高めるという「防備的な復興」という，両側面を持っている。

図3　破壊と復興の区分と連関

災害という急激な破壊を時間座標の基点におくならば，図3に示されるように，この緩慢な破壊からの復興を「事前の復興」，急激な破壊からの復興を「事後の復興」と区分することもできる。ただ，本章で取り上げる「事前復興」は，後述するようにもっと深い内容をもっているので，こうした便宜的な区分だけで説明しきれるものではない。

■ 復興の類型

復興の定義での「再び盛んになる」ということについても，言及しておこう。ここでは，「盛んになる」という運動的規定に着目しなければならない。盛んになるということは，新しい生命力を獲得することであり，未来を切り開くエネルギーを取り戻すことである。となると，復興の英訳としてはReconstructionよりもRevitalizationの方が的確なように思う。新しい息吹をどう吹き込み，変革の力をどう育むのかが，復興では問われるからである。復興は結果ではなく過程だという考え方も，ここから引き出されよう。

この生命力を獲得することができれば，復興はより高い地平を目指して前に進むことができる。ここから，旧態に戻るのではなく旧態を乗り越えていく，

という復興のあるべき姿が浮かびあがってくる。この旧態とか進化ということに関わって,「原形復旧」,「改良復旧」,「創造復興」という言葉が,一般に使われる。質的な変化や改善を伴うのが創造復興,量的な変化しか伴わないものが改良復旧,量的にも質的にも変化を伴わないものが原型復旧である。なお,復興による変化の意味合いを明確にするために,私は創造復興という言葉を使わずに「改革復興」という言葉を使うようにしている。さらに,その変化の度合いを明確にするために,改革復興を「大きな復興」,原形復旧や改良復旧を「小さな復興」と区別するようにしている。

この大きな復興に関わって,「世直し」あるいは「軸ずらし」という言葉がある。大きな破壊からの立ち上がりでは,社会変革や軌道修正が求められるということを,こうした言葉が教えてくれている。緩慢な破壊においても急激な破壊においても,その根底には社会の欠陥や矛盾が関わっており,その改善をはかることが同じ過ちを繰り返さないためには避けられないからである。とりわけ,大震災のような大きな破壊になると,「大きな復興」や「世直し」は避けられない。表面的な衰えを克服するだけでなく,本質的な衰えを克服することが,復興の課題として突きつけられるからである。

以上の考察を踏まえて,復興の全体像とその類型を示したのが,図4である。事前の復興では,小さな復興に対応するものとして「補正」あるいは「修復」,大きな復興に対応するものとして「改善」あるいは「補強」という用語を使っている。破壊の規模や特性に応じて,この復興と回復の4つのパターンを使い分けることになる。

図4　復興と回復の事業の4類型

■ 復興の課題

復興では,世直しと立て直しが求められる。世直しでは,社会の歪みを正す

ことが求められ，立て直しでは，失ったものを取り戻すことが求められる。前者は「改革的な取り組み」，後者は「回復的な取り組み」といってよい。

改革的な取り組みでは，災害で明らかになった社会の歪みと向き合うことが求められる。阪神・淡路大震災では高齢社会の福祉欠落の問題が，新潟県中越地震では中山間地の限界集落の問題が，東日本大震災では地方都市の経済格差の問題といった，社会的な歪みが顕在化した。これらの震災で明らかになった社会的な歪みや矛盾の解決をはかることが，復興では求められる。こうした矛盾の解決をはかって，未来の理想社会の創造につなげることが，改革復興である。

ところで，こうした社会の歪みは，災害が起きて初めて気づくというものではない。社会の歪みは，緩慢な破壊として災害前から存在するもので，冷静に洞察する目があれば，平常時においても気づきうる。とすれば，災害後にその解消をはかるのではなく，災害前からその解消に努めるべきものである。災害前から歪みの解消に努めるということは，先に述べた公衆衛生的な備えや，後で述べる事前の復興事業に通じる。

回復的な取り組みでは，人間らしい暮らしや活気のある社会を取り戻すことが課題となる。この人間らしい暮らしということでは，「医，職，住，育，連，治」という6要素を包括的に獲得することが欠かせない。

医は，医療や福祉の充実をはかって心身の健康を取り戻すことをいう。職は，職業や雇用を生み出して，生きがいとなる仕事を取り戻すことをいう。住は，住宅を健康で安全な生活拠点として，安心できる住まいと暮らしを取り戻すことをいう。育は，保育や教育の場の確保と充実をはかり，子どもたちが成長できる環境を取り戻すことをいう。連は，人と人のつながり，自然と人のつながり，歴史と人の繋がりを取り戻すことをいう。コミュニティの再生を目指すことも含まれる。治は，ガバナンスで，自治を取り戻すことをいう。

生活環境あるいは地域環境の回復をはかるという復興では，取り組みを住宅再建あるいは耐震化だけに矮小化しないで，「医，職，住，育，連，治」ということで，生活や生業の総体の回復と創造を包括的に考えて取り組まないといけない。福祉や教育，コミュニティや環境共生など，豊かに生きて行くための環境づくりに，総合的に取り組むことが求められる。

ところで，災害からの復興では，同じ悲しみを繰り返さないように，前より

第11章　事前復興と復興ビジョン

も安全にすること，災害に強い地域をつくることが，何よりも優先すべき課題となる。命と暮らしを守るために，「減災的な取り組み」を優先的にはかることが求められる。図5に示されるように，回復的な取り組み，改革的な取り組みに加えて，減災的な取り組みがいるということである。

この減災的な取り組みでは，ハードウェア，ソフトウェア，ヒューマンウェアの足し算をはかり，日常生活や歴史文化との融合をはかりつつ，安全と安心を追求することが欠かせない。安全性は生きてゆくうえでの必要条件であっても十分条件ではない。安全性の確保を最優先にしつつも，利便性や快適性も同時に追求しなければならない。事前においても事後においても，予防医学と公衆衛生の両立を目指さすことが欠かせない。アメニティがあってコミュニティがあってサスティナビリティがあれば，結果としてセキュリティがついてくるという「アメコミセキュリティ」の考え方を，大切にしたい。

図5　復興の課題と目標

4　事前復興の必要性と有効性

ここからは，事前と復興をつなぎ合わせた「事前復興」のあり方を考える。この事前復興の取り組みは，事前の「復興準備」と事前の「復興事業」の2つに区分される。復興準備は，復興がスムースに行くように，制度や資金あるいは計画や人材を事前に用意しておくことである。復興事業は，事後の復興で行なうべき事業を事前に前倒しして実施しておくことである。

■ 復興の要件と復興の準備

事前の復興準備においては，事後の復興に欠かせない要件を事前に充足して

おくことが求められる。その事前の要件は，事前の「構え」と事前の「備え」に大別される。構えでは「心，技，体」を，備えでは「ひと，もの，カネ，仕組み」を，事前に準備しておくことが，必要となる。

(1) 構えとしての心，技，体

「心」は，減災の精神を育んでおくことで，気構えである。リテラシーとしての意識，認識，知識を事前に育んでおくことである。「技」は，被害軽減のための技能や技術を高めておくことで，その中には防災や減災に関わる科学技術の開発をはかることも含まれる。市街地大火を抑制するための有効な技術として，前時代的な「バケツリレー」しかないという現状を1日も早く克服しなければならない。科学技術の開発とその実装化をはかることが大切で，科学技術の強化をはかるという構えが欠かせない。なお，この科学技術の推進では，耐震化といったハードな科学技術だけでなく，被災者の心のケアや住宅再建のスピードアップといったソフトな科学技術の推進にも，力を入れなければならない。

「体」は，体質であり体制である。減災をはかる基盤としてのシステムや骨格をつくっておくことが求められる。行政とコミュニティと企業と市民団体が連携する協働体の構築，災害時に対応するための応援と受援の体制の構築，最悪の事態に備えての危機管理体制の構築などが，体制の構えとして求められる。自助，公助，互助，共助の関係性を，相互に補完し合うシステムとして構築すること，そのために互助としてのコミュニティ力を醸成すること，共助としてのボランティア文化を醸成することは，喫緊の課題となっている。

(2) 備えとしてのひと，もの，カネ，仕組み

事前の復興準備では，構えとともに備えが欠かせない。復興時に必要となる資源や物資などを事前に備えておくことが欠かせない。「ひと」は，復興の担い手やリーダーをいう。復興を牽引する人材を事前に確保しておくことが求められる。大規模な災害からの復興を見ると，住宅建設などの復興事業に関わる職人さんが不足している，被災者の生活支援をはかるボランティアが不足している，主体的に復興事業を担う行政職員が不足しているといった問題が，深刻

第 11 章　事前復興と復興ビジョン

化している。

　東日本大震災では，行政組織の中にも市民組織の中にも，さらには復興を指導する専門家の中にも，復興に通じた人材が少なかった。そのために，復興計画の策定や復興事業の進行が，混乱に陥っている。人材の確保をはかるために，教育や訓練によって育成をはかっておくこと，応援協定や臨時招集などにより人材を補完する仕組みをつくっておくことが，ここでは求められる。

　「もの」は，瓦礫処理から住宅建設さらには復興まちづくりに欠かせない，資材や物資をいう。この復興に関わる資源では，用地が大きなウェイトを占める。仮設住宅の用地がなく住宅再建が遅れる，みんなが一緒に移り住む用地がなくコミュニティが崩壊するといった問題が，東日本大震災で起きている。この問題を回避するためには，広域避難の場所，瓦礫処分の場所，仮設住宅や恒久住宅の場所などを，行政と地域コミュニティはあらかじめ決めておかねばならない。

　用地に加えて，仮設住宅や恒久住宅の建設のための資材の確保も欠かせない。劣悪な避難所生活を可能な限り短期に終了させるためには，仮設住宅や恒久住宅の早期の着工と供給が必要となる。そのためには建設用の資材を備蓄しておく必要がある。最近は，木造仮設住宅の価値が見直されているが，プレハブ仮設と同様に木造仮設においても，プレカットなどで事前に仮設住宅の資材を確保しておく必要がある。なお，巨大地震災害では，仮設の供給だけでは足りず，空き家利用のみなし仮設が大量に必要となるが，そのためには仮設に転用できる空き家の事前登録や事前確保にも，心がけなければならない。

　「カネ」は，復興のための財源である。基金や準備金の形で事前に用意しておくことが求められる。災害が起きてからの善意の義援金に依存していては，必要な額が集まらず復興が挫折する恐れがある。その挫折を避けるためには，行政は復興基金の形で，市民は災害保険の形で，復興のための資金を事前に確保しておく必要がある。

　ところで，公助の基金や自助の保険や貯金だけでは足りない。それに加えて，共助の共済積立金が必要となる。過去のコミュニティでは，講とか結とかいった形での共済システムがあり，みんなの積立金で被災した人を救済してきた。現在でも，農協が実施している「建物更生共済制度」や生活協同組合が実施し

ている「CO・OP 火災共済制度」などが，相互扶助の仕組みとして大きな役割を果たしている。兵庫県が，阪神・淡路大震災後に制度化した「兵庫県住宅再建共済（フェニックス共済）」も，事前の再建資金準備として評価できる。

■ 復興の組織と計画

「仕組み」は，復興を進めるためのソフトウェアをいう。復興のための，計画や戦略，マニュアル，組織，制度などが，それに該当する。

(1) 復興のプロセスと組織

復興の目標や課題を達成するには，そのためのプロセスやシナリオの事前の準備が欠かせない。復興では，何よりもプロセスが大切で，復興のプロセスさえ正しくデザインされておれば，復興の結果は自ずとついてくる。阪神・淡路大震災や東日本大震災の復興を見ていると，計画策定や合意形成のプロセスの大切さが良くわかる。

復興のプロセスでは，「総論を先に各論を後に，思いを先に形を後に，自立を先に復興を後に」といった，運動論的な戦略が欠かせない。復興の主体は被災者であり被災地であることを確認したうえで，被災者の復興への思いをぶつけ合い，官民双方が知恵や資産を出し合い，これからの復興の方向性を確認し合うプロセスと，それを保障する場が必要となる。例えば，阪神・淡路大震災では，住民合意形成の場としての「復興まちづくり協議会」が大きな役割を果たしている。

この合意形成の場と同時に，利害調整の場も必要である。被災者の中でも，行政と被災者の間にも対立が生まれる。復興の大きな障害になるのは，その行政と被災者の間の対立である。その対立を解消するには，両者をつなぐ媒介者あるいは調整者としての，中間支援組織が必要となる。阪神・淡路大震災では被災者復興支援会議，新潟県中越地震では中越復興市民会議がつくられ，行政と被災者の中間に入って被災者の声を拾いあげ，それを政策提案の形で行政に届ける役割を果たした。行政と被災者の中間にあって，アウトリーチとアドボ

第11章　事前復興と復興ビジョン

カシーをはかる仕組みが欠かせない。

(2) 復興の制度と行政の責任

　寺田寅彦の言葉を持ち出すまでもなく，災害は進化する。今日のように，社会変化のスピードが激しいときは，なおさらである。それだけに，過去の経験にこだわっていると，進化について行けない。復興においても，過去の経験をベースにしてつくられた制度を杓子定規に当てはめると，現実に合わないがための混乱や軋轢を引き起こしてしまう。

　東日本大震災では，災害危険地域の指定や防災集団移転促進事業の推進で，混乱を生じている。時代と実情に合わない制度を硬直的に運用していることもあるが，その本来の趣旨を取り間違えていることもあって，混乱を招いている。防災集団移転は，土石流などの危険に対して移転しか手段がない小規模集落を念頭においてつくられた法律で，大規模な集落あるいは沿岸部の集落に機械的に当てはめようとするには，無理があった。

　時代と被災者の要請に即した制度を整備するのは，行政の責務である。とりわけ，災害救助や復興まちづくりの制度を整備するのは国の責任で，災害救助法の見直しや復興に関する体系的な制度の整備を事前にはかっておかねばならない。

■ 基盤の形成と事前の復興事業

　私は，阪神・淡路大震災の凄惨な現場を見たときから，「災害で人が死んでしまってからでは遅い」「最強の状態で災害を迎え撃たなければならない」と強く思うようになった。住宅や暮らしの再生は事後の復興でなしうるが，命の再生は事後の復興ではなしえない。大震災の後，復興事業として防災公園が整備され，土地区画整理事業が実施され，耐震補強が推進されるのを見て，こうした「命を守る取り組み」をどうして事前にしようとしなかったのかと，悔やまれた。

　事前に復興を準備することは，とても大切なことである。ただ，事前の復興準備だけを強調し過ぎると，「災害待望論」という誤った世界に落ち込みかね

230

ない。「地震で大火が起き焼け野原になれば，その跡地に理想都市を作ることができ，そのために事前に青写真を描いておこう」という形での，災害を待望するような事前復興論になりかねない。しかし，私たちに求められるのは，大火になってからどうするかを考える前に，大火になる前にどうするかを考えることである。つまり，事後の復興よりも事前の復興，待ちの復興よりも攻めの復興を，優先しなければならない。

ここでは「つもり復興」という発想が必要になる。家が失われたつもりになる，まちが失われたつもりになって，どうしなければならないかを考えてみるのである。事後に建て替えが必要になるのであれば，壊れて痛い目にあう前に建て替えておこうと考えるのである。建て替えや耐震補強あるいは移転といった対応が，事前復興の課題となる。

さて，事前の復興事業は，国土，地域，建物のそれぞれについて，またハード，ソフト，ヒューマンのそれぞれについて実施する必要がある。ここで留意すべきは，大きな公共と小さな公共の融合をはかるということで，国土レベルだけでなく，地域や地区レベルにおいても強靭化に取り組まなければならない。

地域では，市街地や集落さらにはコミュニティで事前復興に取り組むことになる。この地域レベルでは，ハードだけでなく，ソフトやヒューマンにも着目して事前復興に取り組む必要がある。ハードでは，市街地や集落の安全化をインフラの整備や施設の強化あるいは町並みの構成などではかることが欠かせない。ハードな事前復興の例としては，戦争中の防空計画に基づく疎開道路の建設，津波防災地域づくりに関する法律に基づく高台移転などがある。また，ソフトでは自主防災組織の整備や情報連絡システムの整備が，ヒューマンではライフスタイルの改善や防災文化の伝承が課題としてあげられる。

5 復興のバネと復興のビジョン

大きな災害は，小さな復興ではなく大きな復興を必要とし，旧態に戻すのではなく変革することを求める。その変革や飛躍をもたらすためには，推進力と

第11章　事前復興と復興ビジョン

してのエンジンが必要となる。そのエンジンとなるのが，「復興のバネ」である。バネを効かせて，自立を取り戻し，希望の実現をはかるのである。ところで，この復興のバネの中で，もっとも重要な役割を果たすのが「ビジョンのバネ」である。

■ 復興の推進力としてのバネ

「災害ユートピアの成立と崩壊」という復興過程の運動論がある。災害直後には，お互いに助けあおうとする力が働き，被災者が一体となるユートピアが現出するが，復興が進むにつれて，被災者間に格差や対立が生まれ，復興の障害が立ちはだかって，多くの被災者は「2番底」とも言われる奈落の底に再び突き落とされる。しかし，その後に復興バネが働いて，被災地と被災者はその奈落の底から這いあがることができる。

この復興のバネには，逆境にあっても負けまいとする「気概のバネ」，互いに救いの手を差し伸べる「連帯のバネ」，自らの誤りを正そうとする「反省のバネ」，復興に資源が投入されるという「事業のバネ」，復興の希望と勇気を育む「ビジョンのバネ」がある。このうち，新しい質を獲得して創造や改革につなげる役割を果たすのが，反省のバネとビジョンのバネである。この2つのバネは，復興の目指すべき方向を指し示し，復興の羅針盤となるからである。

ビジョンのバネについては次に詳しく触れるので，ここでは反省のバネについて触れておきたい。災害は，その時代やその社会が抱えていた矛盾を，時間を先取りする形で顕在化する。一極集中の国土構造，自然破壊の乱開発，行き過ぎた核家族化などの問題を，私たちに突きつける。そうした歪みに向き合ってその克服をはかることが，復興には求められる。歪みに向き合うときには，なぜそうした歪みが生まれたかの自省的な視点がいる。自省的に捉えることによって，今までの価値観が変わり，生き方が変わってくる。

ところで，自省的に捉えるということは，被災の原因を直視すること，被災の原因を科学的に明らかにすることに他ならない。原因の究明なくして，反省のバネなく，新しい質の獲得もない，ということである。経済優先安全軽視の風潮，利己的で排他的な発想，自然と共生する姿勢の欠落など，人為的あるい

232

は社会的さらには技術的な原因に鋭くメスを入れる必要がある。

■ 復興の推進力としてのビジョン

復興の遅れや混乱は，復興で目指すべき方向がすぐには定まらなかったこと，あるいは拙速に方向性を決めてしまったことに起因している。目指すべき社会の方向を事前にしっかり議論しておけば，復興の目標像の合意が災害後に速やかに取れ，かつ多角的な検討を踏まえて適切な方向を見出すことができたと思う。速やかで理想的な復興のためには，復興の方向を指し示すビジョンを事前に検討しておくことが欠かせない。

復興ビジョンは，第1に被災地の心を一つにするために，第2に復興の方向を正しく捉えるために，必要である。心を一つにするためには，時間をかけて被災者みんなで，日頃からしっかり議論を積み重ね，目指すべき社会像を共有しておかなければならない。また，復興の方向を正しく捉えるためには，現代社会や地域コミュニティが抱える問題点を深く考察し，時代の流れや世界の動向にも目を向けつつ，目指すべき地域像を明らかにしておかなければならない。

未来の地域のあり方を考えるうえでは，図6に示す6つのキーワードを念頭において，ビジョンを描く必要がある。すなわち，①持続（持続発展，循環社会），②共生（自然共生，多文化共生），③自律（自律分散，地域自治），④協働（市民協働，共同参画），⑤縮減（コンパクトシティ，スローライフ），⑥靭性（レジリエンス，弾力性）という6つの視点を基本に，地域の将来像を描く必要がある。

さて，最後に，復興ビジョンを策定する際に留意すべき点を，指摘しておきたい。

第1の点は，日常時の都市づくりあるいは地域政策との連続性が求められる，ということである。既に述べたところであるが，大災害はその時代，その社会の抱えている歪みや問題点を顕在化させる。

図6　復興ビジョンの6要素

第11章　事前復興と復興ビジョン

高齢社会問題や地球環境問題などが災害によりクリアーになり，復興ではそれに向き合うことが余儀なくされる。ところで，こうした問題への取り組みは，災害が起きてから後手に回る形で取り組むべきものではなく，事前に日頃から取り組んでおくべきものである。事前の都市計画構想やまちづくり運動で，まちづくりの目標を議論し，その実践をはかっていると，その延長線上で事後の復興を捉えることができ，スムースな復興への移行が可能となる。それは，事前に公衆衛生的課題に取り組むことでもあり，事前の復興事業そのものである。

　第2の点は，危急時を前提とした「コンパクトな計画」にしておく，ということである。日常の都市計画やまちづくりは，長期にわたる持続的な取り組みとしてデザインされている。ところが，災害後の復興やまちづくりは，短期集中型あるいは資源制約型の取り組みにならざるをえない。将来像としての，日常時の構想やビジョンは引き継ぐとしても，そのまちづくりの規模や課題については，時間戦略を考慮したものに組み替える必要がある。

　阪神・淡路大震災では，それ以前に策定されていた総合計画や整備構想等が，復興にも大いに役立ったが，そのあまりにも巨大なプロジェクトをそのまま受け入れることには無理があった。災害が引き起こす社会状況等の変化も見込んで，日常から非常時への計画内容の縮減などの見直しをはかることを忘れてはならない。ビジョンを段階的に実現するための戦略やプログラムもいる。

　第3の点は，災害は多様であるが，その多様性に即して復興の計画を準備しておかねばならない，ということである。災害の態様や被害の規模に応じて，複数の復興のシナリオやプログラムを準備しておくのである。原型復旧か創造復興か，個別改修か面的整備か，現地再建か集団移転かは，被災の規模によって変わってくる。火災や津波で全域が被災した場合と，地震でまだら状に被災した場合では，復興の目的も事業のあり方も違ってくるので，災害種別や被害想定結果に応じた形で，ケースバイケースの復興計画や復興戦略を策定しておくことが欠かせない。

　第4の点は，内外の先進的な地域創造事例に謙虚に学ぶ姿勢を持つ，ということである。復興の事例から学ぶということでは，温泉復興と教育復興を目標に設定して見事に地域の創造を成し遂げた1925（大正14）年の北但馬地震での城崎の例，平和と災害伝承を基調に進められた1945（昭和20）年の原爆被

災からの広島の復興，中山間地における地域の産業とコミュニティの再生をは
かった 2004（平成 16）年の新潟県中越地震での山古志村（当時）などの事例から，
学ぶことは多い。

6 おわりに

　阪神・淡路大震災や東日本大震災からの教訓は，暮らしの全体あるいは地域
の全体を考えて包括的に取り組まないといけない，被災地の心が一つになるよ
う議論を重ねて目標を共有しなければならない，そして何よりも，減災と復興
の取り組みを災害が起きる前から持続的に進めておくことであった。この教訓
を生かして，事前復興と日常的なまちづくりに，ビジョンと夢を持って取り組
むことが，南海トラフ地震などの巨大災害の発生が危惧されている今ほど，強
く求められているときはない。

《参考文献》

• 神戸大学震災復興支援プラットホーム編 2015『震災復興学－阪神・淡路 20 年の歩みと東
　日本大震災の教訓－』（ミネルヴァ書房）
• 日本災害復興学会学会誌編集委員会編 2012『東日本大震災をめぐる諸問題の中での復興』
　（日本災害復興学会誌』復興 5 号）
• ビヴァリー・ラファエル 1989（石丸正訳）『災害の襲うとき』（みすず書房）
• 松村明編 2006『大辞林 第三版』（三省堂）
• ひょうご震災記念 21 世紀研究機構 災害対策全書編集企画委員会編 2011『災害対策全書
　（3．復旧・復興）』（ぎょうせい）
• 室﨑益輝・冨永良喜ほか編 2018『災害に立ち向かう人づくり』（ミネルヴァ書房）

第11章　事前復興と復興ビジョン

コラム　阪神・淡路大震災，東日本大震災の経済被害

豊田 利久（神戸大学社会システムイノベーションセンター）

災害リスクを減らして安全な社会を作るためには，まず，過去の災害の程度を把握する必要がある。災害がもたらす被害は，人的被害，物的被害，目に見えない間接的な被害に大別される。このうち，ヒトに関わる人的被害（死者数，負傷者数等）や被災者の受ける心理的な影響を経済的に評価することは通常なされない。それに対して，物的被害や経済的機能の低下は経済的なターム（円やドルなど）で評価される。

物的被害は，災害によって失われた物的資産であり，ストック被害または直接被害ともいわれる。その内訳は，(1)建築物等（住宅・宅地，店舗・事務所，工場等），(2)ライフライン施設（水道，ガス，電気，通信施設等），(3)社会基盤施設（河川，道路，港湾，下水道等），(4)農林水産関係（農地・農業用施設，水産関係施設等），(5)その他（文教施設，保健医療・福祉関係施設等）に大別される。

表1は，阪神・淡路大震災（以下，阪神・淡路）と東日本大震災（以下，東日本）におけるそれぞれの項目を金額表示したものである。被害額の総計を

比べると，それぞれ9.9兆円，16.9兆円であることから，東日本の方が1.7倍ほど被害の程度が大きかったといえる。項目別に比較すれば，次のような特徴が見て取れる。建築物とライフライン施設に関しては，東日本が阪神・淡路の約2倍の大きさになっている。社会基盤施設に関しては両震災でほぼ同額の被害になった主な理由は，神戸港の港湾施設が約1兆円という大きな被害を受けたためである。これに対して，東日本では農地と農漁業における施設の被害が大きいことがわかる。

ただし，このようなストックの被害を経済タームで統一的に把握することは容易ではなく，さらに両震災における被害額を比較するときの問題点に注意しよう。

第1の問題は，被害額の算出方法に違いがあることだ。阪神・淡路の場合，建築物に関しては，一定時点における被災の程度に応じた棟数を基に，建築統計を用いて推計した（減価償却済の）滅失時価を自治体ごとに積み上げる方式が採られた。それに対して，ライフラインや社会基盤施設に関しては，そ

のストックの時価評価額(推定)に毀損率を掛け合わせて合計した値が用いられた。東日本の場合は,当初,各県がばらばらの方法で推計したが,後に内閣府が統一的な方法で算出した。県別に公表されているストック量を自治体ごとに項目別に分類し,阪神・淡路や平成19年(2007年)新潟県中越地震等の過去の事例から得られる毀損率を掛け合わせて合計するという手法が採られた。特に,津波で流出した家屋には通常の全壊家屋の1.5倍という毀損率が適用された。一部の経済学者からは,阪神・淡路の9.9兆円は過少推定,東日本の16.9兆円は過大推定であるという意見が出ている(豊田,1997;齊藤ほか,2015)。

第2の問題は,異なった被災地域での被害を同じ基準で比較できるかという問題だ。阪神・淡路は神戸市を中心とする兵庫県南部の家屋・人口・産業が密集した一部地域で起こった。これに対して東日本は広大な地域で起こったもので,空間的な広さのゆえに被害額も大きくなった。東日本でも7道県(北海道・青森・岩手・宮城・福島・茨城・千葉)のうち被害が大きかった岩手・宮城・福島の3県に限定して,単位面積(平方km)当たりのストック被害額総計を算定すれば2,300億円となる。阪神・淡路での同様な単位面積当たりのストック被害額は1兆1,500億円となる。従って,単位面積あたりで比較すれば,阪神・淡路の方が被害額は約5倍となることに注意しよう。

表1　阪神・淡路大震災,及び東日本大震災のストック被害額

		1995年阪神・淡路大震災 [ア]	2011年東日本大震災 [イ]
建築物		5.8兆円	10.4兆円
ライフライン施設		0.6兆円	1.3兆円
社会基盤施設		2.2兆円	2.2兆円
その他	農林水産	0.1兆円	1.9兆円
	その他 [ウ]	1.2兆円	1.1兆円
総計		9.9兆円	16.9兆円

(ア) 兵庫県推計(1995年4月),(イ)内閣府・防災担当推計(2011年6月),
(ウ) 文教施設,保健医療・福祉関係施設,廃棄物処理施設,そのほか公共施設等
出典:内閣府「地域の経済2011 −震災からの復興、地域の再生−」(2011年11月)

第 11 章　事前復興と復興ビジョン

《参考文献》

- 齊藤誠，中川雅之，顧濤 2015「東日本大震災の復興予算はどのように作られたのか?」(齊藤誠編『大震災に学ぶ社会科学 第4巻　震災と経済』，東洋経済新報社)
- 豊田利久，河内朗 1997「阪神・淡路大震災による産業被害の推定」(『国民経済雑誌』176巻2号，1-15頁)
- Toyoda T.（2017）Toward a long-term economic damage reduction from an urban disaster: lessons from the 1995 Kobe Earthquake, Kobe University GSICS Working Paper, No.32 P.1-10

コラム 災害を記録し、未来へ伝える

佐々木 和子（神戸大学地域連携推進室）

2011（平成23）年3月に起こった東日本大震災では、復興構想七原則に、「大震災の記録を永遠に残し、（中略）その教訓を次世代に伝承し、国内外に発信する」が入れられ、国立国会図書館に東日本大震災アーカイブ「ひなぎく」が立ち上った。2018（平成30）年3月現在、熊本地震等も含め、47のデータベースと連携し、災害デジタルアーカイブのポータルサイトとして機能している。

災害記録保存活動の始まりは、1995（平成7）年1月の阪神・淡路大震災である。2カ月後の3月末には、ボラティア自身が自らの記録を残そうと、「震災・活動記録室」が生まれた。5月には、神戸大学附属図書館が震災に関する本や雑誌だけでなく、ビラやチラシも集めようと活動を開始し、10月には「震災文庫」が開設された。兵庫県は、震災・復興の記録保存を復興計画の中に位置づけ、取り組みを始めた。1997（平成9）年1月には、長田区役所職員有志による「人・街・ながた震災資料室」が誕生した。その後、「震災・活動記録室」の収集資料は、震災の記憶と記録を考える市民グループ「震災・まちのアーカイブ」に引き継がれ、兵庫県の成果は、「人と防災未来センター資料室」に移管された。また、「阪神大震災を記録しつづける会」は、10年間市民の手記を公募し、出版を続けた。

共通しているのは、今ここで起こっている災害の実態や、復旧・復興の過程を残したいとの思いであった。そのため、震災文庫では、従来図書館が扱わないビラやチラシも含め収集を行った。兵庫県でも、まとめられていない「素材」のままのメモやノート類等も、網羅的に収集の対象とした。

地震は、地面だけでなく社会を揺らし、埋もれていた問題を顕在化させる。1995年の被災地では、さまざまな検証の素材を丸ごと残そうと一歩踏みだしたのである。

写真1　神戸大学附属図書館「震災文庫」

兵庫県近隣における災害学習と体験施設

本コーナーでは，災害や防災に関して学び・体験できる兵庫県近隣の施設の一部を紹介する。施設の名称・所在地・災害種別などの情報も記載する。詳細は施設，自治体などに問い合わせいただきたい。

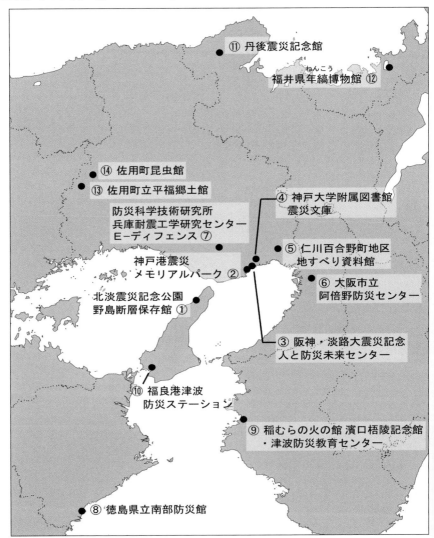

※ ①〜⑭（順不同）は右表中の番号に対応する。
作成者：神戸大学大学院工学研究科　ピニェイロ アベウ タイチ コンノ
　　　　神戸大学都市安全研究センター　小川まり子

2019年1月時点の情報

	施設名*1/所在地/ 電話番号/入館料の有無*2	災害 種別	説　明
①	野島断層保存館/兵庫県 淡路市小倉177/ 0799-82-3020　　○	地震	阪神・淡路大震災により現れた野島断層（天然記念物）を保存している。震災時，被害にあった民家が公園内に公開されていて，語り部がいる。震災体験館がある。
②	震災メモリアルパーク/ 兵庫県神戸市中央区波 止場町メリケンパーク内/ 078-327-8981　　◆	地震	阪神・淡路大震災で被災した波止場の一部を当時の状態で保存している。神戸港の被災状況，復旧過程を記録した模型や映像，写真パネルなどが横に展示されている。
③	人と防災未来センター/ 兵庫県神戸市中央区脇 浜海岸通1-5-2/ 078-262-5050　　○	地震 津波 水害	阪神・淡路大震災の地震破壊の威力，震災直後の街並み，復興を伝える映像とジオラマとともに被災物が展示されている。語り部が常駐し震災体験を話してくれる。公開資料室もある。
④	神戸大学附属図書館震 災文庫/兵庫県神戸市灘 区六甲台町2-1/ 078-803-7342　　◆	地震	阪神・淡路大震災に関する資料を保管している。資料総数は約5万8,000点を越え，一部資料は電子化されweb上で公開されている。
⑤	仁川百合町地区地す べり資料館/兵庫県西宮 市仁川百合町10-1/ 0798-51-5904　　○	地震 土砂	阪神・淡路大震災で地すべりのあった跡地にて，当時の写真や大型プロジェクタ，模型などで土砂災害のしくみを学べる。地すべり対策を施した斜面には地元ボランティアにより芝桜などの花々が植えられている。
⑥	阿倍野防災センター/大 阪府大阪市阿倍野区阿 倍野筋3-13-23/ 06-6643-1031　　◆	地震	地震や火災などの災害時に必要な行動を習得できる。映像や起震装置があるほか，災害体験コーナーでは地震火災からの避難，通報，救助資機材の使用方法も学べる。
⑦	E-ディフェンス/兵庫県 三木市志染町/ 0794-87-7320　　◆	地震	施設では実大三次元震動破壊実験施設の見学ができ，実験映像による説明がある。加震実験（公開実験）は，事前に申込が必要。
⑧	徳島県立南部防災館/徳 島県海部郡海陽町浅川字 西福良43/ 0884-73-2211　　◆	地震 津波	南海地震・津波など災害へ向けた防災教育・防災訓練を行う県南部の防災啓発拠点。災害時においては活動拠点となるよう情報機器・備蓄・集配室などの各種機能を備えている施設。
⑨	稲むらの火の館/和歌山 県有田郡広川町広671/ 0737-64-1760　　○	津波	現代に通じる津波防災の象徴として濱口梧陵の功績や教訓，歴史が紹介されている。教育センターでは3Dシアターや長さ16mの津波実験水槽で津波の威力や伝わり方を学べる。
⑩	福良港津波防災ステー ション/兵庫県南あわじ 市福良甲1528-4/ 0799-50-2381　　◆	津波	津波の威力を学べ，体験装置がある。津波からの避難や減災に備えるためのアニメーション映像が3面マルチスクリーンの大型で上映されている。
⑪	丹後震災記念館/京都府 京丹後市峰山町室1198/	地震	1927年北丹後地震による犠牲者の慰霊と震災に関わる資料の保存などのために建てられた。その後，その目的は失われ，公民館，武道場などに使用された。2019年現在は耐震強度の関係で施設内見学はできない。
⑫	福井県年縞博物館/福井 県三方上中郡若狭町鳥 浜122-12-1/ 0770-45-0456　　○	地震 噴火	水月湖で7万年かけて湖底に堆積した泥の地層（厚み約45m）の実物を展示している。地層は年ごとの縞（厚み平均約0.7mm）となっているが，地震や噴火の影響によって縞の厚みが何cmになることもある。
⑬	佐用町立平福郷土館/兵 庫県佐用町平福594/ 0790-83-2635　　○	水害	江戸時代の町家の代表的建築様式を再現した資料館。駐車場付近の看板に2009年台風9号の佐用町水害の被害概要，周辺地域の水没の高さが記載されている。
⑭	佐用町昆虫館/兵庫県佐 用町船越617/ 0790-77-0103　　◆	水害	千種川水系の自然を学ぶことができる。当該施設における2009年台風9号時の佐用町水害の被災及び復興状況の様子が記録集として施設内で配布されている（web上でも公開）。※4～10月のみ開館。

【注】 *1 一部の施設は略称で記載　 *2 ○：有料　◆：無料

著者一覧　＊は編者　2019年1月現在

――――― 章 ―――――

＊北後 明彦（ほくご あきひこ）　神戸大学都市安全研究センター 教授

藤田 一郎（ふじた いちろう）　神戸大学大学院工学研究科 教授

曽良 一郎（そら いちろう）　神戸大学大学院医学研究科 教授

紅谷 昇平（べにや しょうへい）　兵庫県立大学大学院減災復興政策研究科 准教授

金子 由芳（かねこ ゆか）　神戸大学大学院国際協力研究科 教授

東末 真紀（とうすえ まき）　神戸大学学生ボランティア支援室 学生ボランティアコーディネーター

吉椿 雅道（よしつばき まさみち）NPO法人 CODE 海外災害援助市民センター 事務局長

近藤 民代（こんどう たみよ）　神戸大学大学院工学研究科 准教授

大西 一嘉（おおにし かずよし）　神戸大学大学院工学研究科 研究員

塩崎 賢明（しおざき よしみつ）　神戸大学名誉教授

室崎 益輝（むろさき よしてる）　神戸大学名誉教授，兵庫県立大学大学院減災復興政策研究科 教授

――――― コラム ―――――

鈴木 康弘（すずき やすひろ）　名古屋大学減災連携研究センター 教授

長尾 毅（ながお たかし）　神戸大学都市安全研究センター 教授

沖村 孝（おきむら たかし）　神戸大学名誉教授，一般財団法人建設工学研究所 代表理事

岩田 健太郎（いわた けんたろう）　神戸大学都市安全研究センター 教授

西山 隆（にしやま たかし）　前 神戸大学医学部附属病院 特命教授
現 自衛隊中央病院 救急科部長

＊大石 哲（おおいし さとる）　神戸大学都市安全研究センター 教授

長沼 隆之（ながぬま たかゆき）　神戸新聞社編集局報道部 次長

伊庭 駿（いば すぐる）　神戸大学東北ボランティアバスプロジェクト 学生代表

稲葉 滉星（いなば こうせい）　神戸大学持続的災害支援プロジェクト Konti 元学生代表

日比野 純一（ひびの じゅんいち）NPO法人エフエムわいわい 理事

藤田 裕嗣（ふじた ひろつぐ）　神戸大学大学院人文学研究科 教授

高田 哲（たかだ さとし）　神戸大学名誉教授，神戸市総合療育センター 診療所長

荒木 裕子（あらき ゆうこ）　名古屋大学減災連携研究センター 特任准教授

津久井 進（つくい すすむ）　日本弁護士連合会災害復興支援委員会 委員長

野崎 隆一（のざき りゅういち）　NPO法人神戸まちづくり研究所 理事長

豊田 利久（とよだ としひさ）　神戸大学社会システムイノベーションセンター 特命教授

佐々木 和子（ささき かずこ）　神戸大学地域連携推進室 特命准教授

――――― 兵庫県近隣における災害学習と体験施設 ―――――

ピニェイロ アベウ タイチ コンノ　神戸大学大学院工学研究科 助教

＊小川まり子（おがわ まりこ）　神戸大学都市安全研究センター 特命助教

地域創生に応える実践力養成
ひょうご神戸プラットフォームシンボルマーク

地域づくりの基礎知識4
災害から一人ひとりを守る

2019年3月30日　初版第1刷発行

編者―――北後明彦　大石哲　小川まり子
発行―――神戸大学出版会
〒657-8501 神戸市灘区六甲台町2-1
神戸大学附属図書館社会科学系図書館内
TEL 078-803-7315　FAX 078-803-7320
URL:http://www.org.kobe-u.ac.jp/kupress/
発売―――神戸新聞総合出版センター
〒650-0044 神戸市中央区東川崎町1-5-7
TEL 078-362-7140／FAX 078-361-7552
URL:http://kobe-yomitai.jp/
印刷／神戸新聞総合印刷

落丁・乱丁本はお取り替えいたします
©2019, Printed in Japan
ISBN978-4-909364-05-0 C0336

★既刊★

地域づくりの基礎知識 ❶

地域歴史遺産と現代社会

奥村　弘・村井良介・木村修二／編

●目　次

「歴史文化を活かした地域づくり」を深める 　……………奥村　　弘

第1章　歴史と文化を活かした地域づくりと地域歴史遺産 ……………奥村　　弘

第2章　地域歴史遺産という考え方 　……………村井良介

第3章　地域史と自治体史編纂事業 　……………村井良介

　コラム　大字誌の取り組み 　……………前田結城

第4章　古文書の可能性 　……………木村修二

　コラム　古文書を活用するまで 　……………木村修二

第5章　「今」を遺す，「未来」へ伝える　―災害アーカイブを手がかりに―

　　　　　　　　　　　　　　　　　　　……………佐々木和子

第6章　埋蔵文化財と地域 　……………森岡秀人

第7章　歴史的町並み保存の「真実性」について 　……………黒田龍二

　コラム　草津の近代遊郭建築　寿楼（滋賀県草津市） 　……………黒田龍二

第8章　近代の歴史的建造物と地域 　……………田中康弘

　コラム　ヘリテージマネージャーの育成と活動 　……………村上裕道

第9章　民俗文化と地域　―但馬地域の事例を中心に― 　……………大江　　篤

第10章　地域博物館論 　……………古市　　晃

　コラム　小野市立好古館の地域展の取り組み 　……………坂江　　渉

第11章　地域文書館の機能と役割 　……………辻川　　敦

第12章　大規模自然災害から地域史料を守り抜く　―過去・現在，そして未来へ―

　　　　　　　　　　　　　　　　　　　……………河野未央

　コラム　水濡れ資料の吸水乾燥方法 　……………河野未央

第13章　「在野のアーキビスト」論と地域歴史遺産 　……………大国正美

第14章　連携事業の意義　―成功例と失敗例から― 　……………市沢　　哲

　コラム　地域連携活動の課題 　……………井上　　舞

　コラム　大学と地域　―神戸工業専門学校化学工業科の設置― 　……………河島　　真

本体価格 2,300円　　発行：神戸大学出版会　　ISBN978-4-909364-01-2

★既刊★

地域づくりの基礎知識 ❷

子育て支援と高齢者福祉

高田　哲・藤本由香里／編

●目　次

「少子高齢社会における支援」を見直す …… 高田　哲・藤本由香里

第1章　今求められる地域子育て支援 ……………………… 高田　哲

　コラム　児童虐待・子どもの貧困 ……………………… 高田　哲

第2章　子育て支援の社会資源と活用法 ……………………… 水畑明彦

　コラム　ご存知ですか 神戸新聞子育てクラブ「すきっぷ」………… 網本直子

第3章　地域子育て支援の場　〜多様性と役割〜

①保育園の立場から …… 中塚志麻・芝　雅子

　コラム　大学と自治体が連携した子育て支援活動コラボカフェ ……… 高田昌代

②総合児童センターの立場から ……………………… 小田桐和代

　　　　　　　　各区社会福祉協議会子育てコーディネーター

　コラム　尼崎市立立花地区の子育てネットワークと大学 …………… 大江　篤

③NPO児童発達支援・放課後等デイサービスの立場から ……………… 大蔵太郎

第4章　子育て支援における医療従事者の役割　〜専門的ケアを必要とする子どもたち〜

　　　　　　　　　　　　　　　　　　……………………… 常石秀市

第5章　高齢化による影響とは ……………………… 小野　玲

第6章　高齢化問題　〜求められる人材育成〜 …… 石原逸子・石井久仁子

第7章　高齢者が抱える問題とその支援 ……………………… 種村留美

　コラム　認知機能障害に対するAssistive Technologyによる支援 …… 種村留美

第8章　高齢者介護問題と在宅支援 ……………………… 松本京子

第9章　介護予防の重要性と取り組み ……………………… 相原洋子

　コラム　「健やかな老い」に向けた世代間教育 ……………………… 相原洋子

第10章　地域高齢者の生きがい ……………………… 林　敦子

　コラム　物忘れ外来で見えてくること ……………………… 林　敦子

第11章　多世代共生の実現に向けたまちづくり ……………………… 宮田さおり

　コラム　小学校における認知症サポーター養成講座 … 宮田さおり・山﨑由記子

第12章　少子高齢社会で大規模災害を乗り切るために

　　　　〜高齢期になってからの被災を乗り切り，住み慣れた地域での生の全うを考える〜

　　　　　　　　　　　　　　　　　　……………………… 野呂千鶴子

本体価格 2,300円　　発行：神戸大学出版会　　ISBN978-4-909364-02-9

―――――――― ★既刊★ ――――

地域づくりの基礎知識 ❸

農業・農村の資源とマネジメント

中塚雅也／編

●目　次

「農業・農村の維持と創造」に関わる	……………………	中塚雅也
第1章　日本と兵庫の食料・農業・農村	……………………	加古敏之
コラム　神戸の農業と農村	……………………	山田隆大
コラム　農村における協同組合（農協）の役割	……………………	髙田　理
第2章　農村景観と集落空間の構成	……………………	横山宜致
第3章　農村の生態系と景観	……………………	丹羽英之
コラム　畦畔の草取りと植物の保全	……………………	長井拓馬
第4章　森林の資源利用と保全	……………………	黒田慶子
第5章　有機農業と環境	……………………	中塚華奈
コラム　農業と農薬	……………………	星　信彦
第6章　地域資源の活用による農山村再生の枠組み	……………………	衛藤彬史
第7章　地域固有性を活かした特産農産物の開発	……………………	國吉賢吾
コラム　マルシェを通した都市・農村の共生	……………………	豊嶋尚子
第8章　市民協働によるため池保全	……………………	森脇　馨
コラム　ため池協議会の設立と活動 ～寺田池協議会の事例～	……………	森脇　馨
コラム　ため池保全県民運動の展開 ～かいぼり復活とため池マン参上～	…	森脇　馨
第9章　農山漁村における伝統文化の継承	……………………	木原弘恵
第10章　農村の内発的発展の仕組み	……………………	小田切徳美
第11章　都市との交流・協働による農村の地域づくり	……………………	筒井一伸
コラム　高校が関わる地域づくり活動と「村を育てる学力」	…………	筒井一伸
コラム　篠山市における現地体験型教育	……………………	木原弘恵
コラム　学生による地域活動の展開	……………………	松本龍也
第12章　農村における外部人材の活用 ～地域おこし協力隊を通して～	…………	柴崎浩平
第13章　地域協働プロジェクトによる人材育成	……………………	内平隆之
コラム　継業と「なりわい」	……………………	筒井一伸
コラム　組織の組み替えによる継業支援	……………………	内平隆之
コラム　篠山市における実践型人材の育成	……………………	衛藤彬史
第14章　農村におけるビジネス創出とイノベーション	……………………	中塚雅也

本体価格 2,300円　　発行：神戸大学出版会　　ISBN978-4-909364-04-3